HEYNE
BÜCHER

W0195407

WALTER LORD

DIE TITANIC-KATASTROPHE

Deutsche Erstveröffentlichung

WILHELM HEYNE VERLAG
MÜNCHEN

HEYNE ALLGEMEINE REIHE
Nr. 01/5379

Titel der amerikanischen Originalausgabe
A NIGHT TO REMEMBER
Deutsche Übersetzung von Keto von Waberer

10. Auflage

ISBN 3-453-00822-7

INHALTSVERZEICHNIS

1

»Also noch mal nach Belfast!«

Hoch oben im Vormars des neuen White Star Liners TITANIC saß Frederick Fleet als Ausguck im Krähennest und blickte hinaus in die Nacht. Eine stille Nacht, klar und bitterkalt. Kein Mond, nur ein Himmel, den Sterne übersäten. Der Atlantische Ozean war ein blanker Spiegel. Später behaupteten Passagiere, sie hätten die Wasserfläche nie so glatt gesehen.

Dies war die fünfte Nacht auf der Jungfernfahrt der TITANIC. Zielhafen war New York, und zu diesem Zeitpunkt war es bereits unbestritten, daß sie nicht nur das größte, sondern auch das luxuriöseste Schiff der Welt war.

Selbst die Hunde der Passagiere waren luxuriös. John Jacob Astor hatte seinen Airedale Kitty mit auf die Reise genommen. Henry Sleeper Harper, Sproß einer Verlegerfamilie, hatte seinen mit Preisen ausgezeichneten Pekinesen Sun Yat-Sen bei sich. Robert W. Daniel, der Bankier aus Philadelphia, brachte seine soeben in England erworbene französische Kampfbulldogge mit. Clarence Moore aus Washington hatte gleichfalls Hundekäufe getätigt, aber die 50 Paar Fuchsjagdhunde, die er für die Loudoun-Jagd gekauft hatte, machten die Fahrt nicht mit.

Frederick Fleet dagegen lebte in einer gänzlich anderen Welt. In der TITANIC-Mannschaft war er einer der sechs Ausgucks und kümmerte sich nicht um Probleme der Passagiere. Die Männer im Krähennest waren die ›Augen des Schiffes‹, besonders heute nacht. Man hatte Fleet eingeschärft, vor allem auf Eisberge zu achten.

Um 22 Uhr begann seine Wache. Er unterhielt sich mit Reginald Lee, der zur selben Wache eingeteilt war. Später verlor er ein paar Worte über die Kälte, aber hauptsächlich herrschte Schweigen. Die beiden Männer starrten in die Dunkelheit hinaus.

Fast war die Zeit der Ablösung gekommen, nichts Ungewöhnliches hatte sich ereignet. Da war nur die Nacht, da waren die Sterne, die klirrende Kälte und der Wind, der um die Aufbauten der TITANIC heulte, die mit 22,5 Meilen durch die schwarze See pflügte. Es war gegen 23 Uhr 40, am Sonntag, dem 14. April 1912.

Plötzlich bemerkte Fleet rechts voraus in nächster Nähe etwas, das noch dunkler war als die Nacht. Erst war es klein (nach Fleets Schätzung hatte es die Größe von zwei Tischplatten), aber es wuchs von Minute zu Minute, näherte sich rasch. Eilig läutete Fleet die Glocke des Krähennestes. Dreimal, ein Zeichen, das Gefahr signalisierte. Zur selben Zeit hob er das Telefon ab und sprach mit der Kommandobrücke.

»Was gibt's?« fragte eine ruhige Stimme am anderen Leitungsende.

»Eisberg, genau vor uns«, sagte Fleet.

»Vielen Dank«, erwiderte die Stimme mit seltsam unbesorgter Höflichkeit. Sonst fiel kein weiteres Wort.

Die nächsten 37 Sekunden standen Fleet und Lee schweigend Seite an Seite und sahen zu, wie sich der Eisberg näherte. Sie

Die TITANIC *läuft am 10. April 1912 zu ihrer Reise aus. Das Foto zeigt sie vor der Isle of Wight, fotografiert von Frank Beken, einem Apotheker aus Cowes, der sich als Marinefotograf einen Namen machte.*

hatten ihn fast erreicht, und noch immer leitete die Kommandobrücke kein Ausweichmanöver ein. Der Eisberg erhob sich naß
und glänzend, schien sich mit einemmal über das Vorderdeck zu
türmen. Beide Männer klammerten sich an, jede Sekunde des
Zusammenstoßes gewärtig. Und dann passierte das Schiff
steuerbords, haarscharf nach Fleets Auffassung.

Steuermann George Thomas Rowe stand Wache auf der Achter-
brücke. Auch für ihn hatte diese Nacht bis jetzt keine Zwischen-
fälle gebracht. Als er auf Deck auf und ab ging, bemerkte er
etwas, das die Mannschaften ›Lichtschnurrbärte‹ nannten; die
Kristalle glitzerten wie feiner Diamantstaub in allen Farben,
wenn sie in die Nähe der Decksbeleuchtungen kamen. Plötzlich
fühlte Rowe, wie der Rhythmus der Maschinen durch eine eigenartige Bewegung unterbrochen wurde. Es fühlte sich so ähnlich
an, als berühre man mit dem Schiffsrumpf hart das Dock. Er hob

die Augen – und erstarrte. Ein Windjammer, voll unter Segeln, schien an Steuerbord vorbeizufliegen. Im wahrsten Wortsinn ›mit einem Schlag‹ erkannte er den Eisberg, riesig, etwa 30 Meter über das Wasser herausragend. Im nächsten Augenblick schien er achtern in der Dunkelheit zu verschwinden.

Im Speisezimmer der ersten Klasse auf dem D-Deck saßen vier Mitglieder der TITANIC-Mannschaft um den Tisch. Der letzte Gast war gegangen, nun stand der große weiße Raum leer, bis auf die kleine Gruppe von Salonstewards, die ihr spätes Abendessen einnahmen. Liebster Zeitvertreib aller Stewards in der Freizeit ist es, über die Passagiere zu klatschen – und diese vier waren mit eben diesem Vergnügen beschäftigt.

Während sie miteinander plauderten, war plötzlich ein feines schleifendes Geräusch zu hören, das aus dem Schiffsinneren zu kommen schien. Nicht laut, doch stark genug, um die Konversation zum Stocken zu bringen. Und noch etwas geschah: Das

Beken fotografiert die TITANIC *zum zweiten- und letztenmal in voller Fahrt auf dem Weg nach Cherbourg. Passagiere drängen sich an der Reling, und Möwen folgen dem Kurs des Schiffes.*

Silberbesteck der bereits für das Frühstück gedeckten Tische klapperte, was sonst nie der Fall war.

Steward James Johnson glaubte zu wissen, was für ein Geräusch sie gehört hatten. Er kannte die Art und Weise, wie ein Schiff schaudert, wenn die Schraube ein Propellerblatt verliert. Auch wußte er, daß ein solcher Unglücksfall die Rückreise zur Schiffswerft Harland & Wolff in Belfast bedeuten würde – und damit viel Freizeit, um die verschiedenen Gastlichkeiten des Hafens zu genießen. Sein Nachbar stimmte ihm zu und sang fröhlich: »Also noch mal nach Belfast!«

In der Bordbäckerei im Heck buk der Meister der Nachtschicht, Walter Belford, die Brötchen für den nächsten Morgen (die Ehre, Kuchen zu backen, blieb der Tagschicht vorbehalten). Der Ruck beeindruckte Belford weit mehr als Steward Johnson – vielleicht deshalb, weil das Blech mit den frischgebackenen Semmeln vom Ofen rutschte und zu Boden polterte.

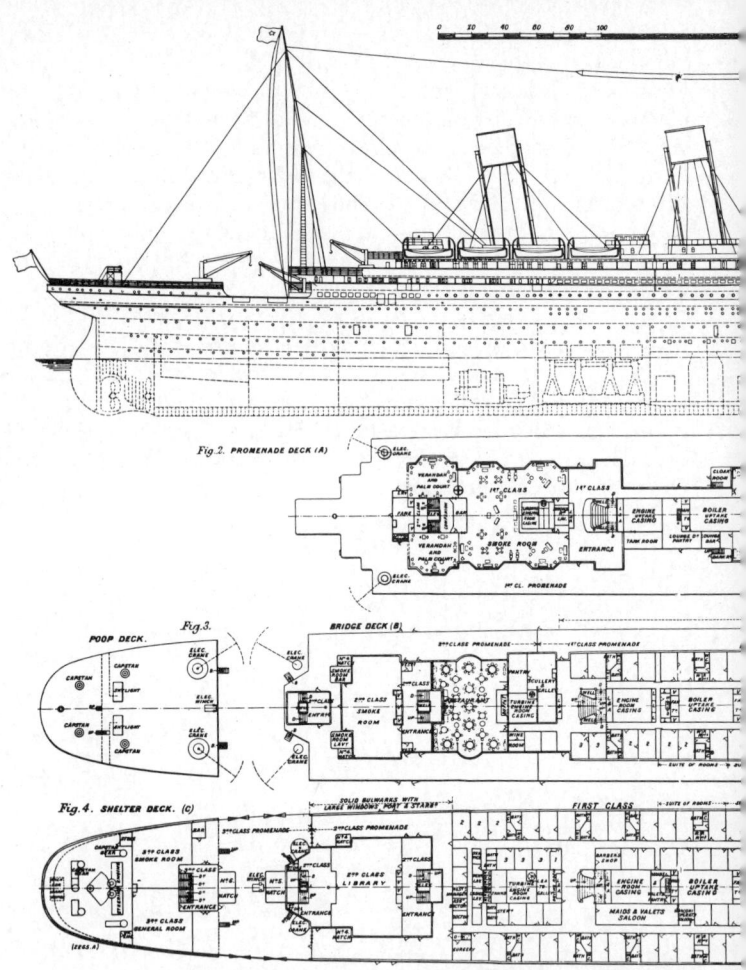

Fig.2. PROMENADE DECK (A)

Fig.3. POOP DECK. BRIDGE DECK (B)

Fig.4. SHELTER DECK. (C)

Alles hatte 1907 begonnen, als Mr. und Mrs. Bruce Ismay mit Lord und Lady Pirrie im Devonshire House, Pirries Stadthaus am Belgrave Square in London, dinierten. Ismay war Direktor einer der größten Dampfschiffahrtsgesellschaften Englands, der White Star Line. Lord Pirrie war Aufsichtsratsvorsitzender von Harland & Wolff in Belfast, wo die White Star Line alle ihre Schiffe bauen ließ.

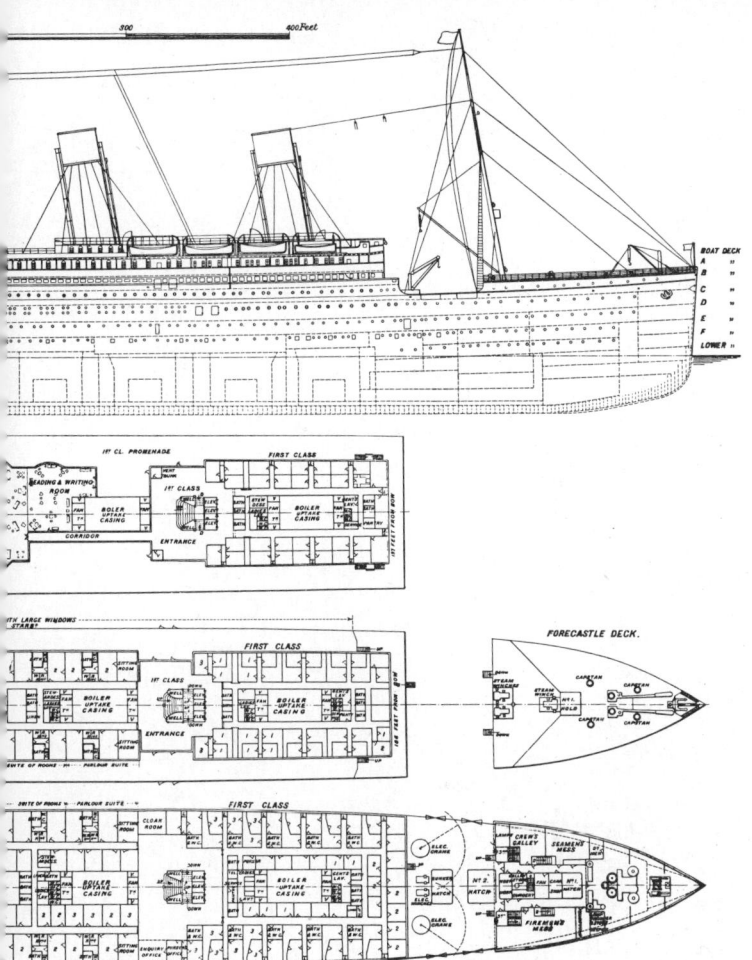

Nach dem Dinner begannen Ismay und Pirrie fast nebenbei Pläne zu machen. Sie wollten drei große Transatlantikliner bauen, größer als alle Schiffe, die sie bis dahin gebaut hatten. Diese Dampfer sollten nicht die schnellsten, aber sicherlich die geräumigsten und luxuriösesten Schiffe der Welt werden.

Bald wurden jedoch die Pläne für das dritte Schiff aufgeschoben, doch die Arbeit an den beiden anderen, der OLYMPIC und der TITANIC, machte schnelle Fortschritte. Die hier abgebildeten Pläne, die am 26. Mai 1911 in der englischen Zeitung ENGINEERING erschienen, sind das Ergebnis dieser ersten Arbeit. Die Pläne sind grundsätzlich für die beiden Schiffe identisch, aber die OLYMPIC wurde als erstes erbaut, und die Erfahrungen mit diesem Schiff brachten für die TITANIC einige kleine Änderungen.

Bemerkenswert ist die Verglasung des Promenadendecks auf dem Vorschiff, um den Passagieren bei schlechtem Wetter Schutz zu bieten.

Alles in allem vergrößerte sich durch alle Änderungen das Gewicht der TITANIC, bis sie 46 328 Tonnen wog. Das machte sie zum größten Schiff der Welt.

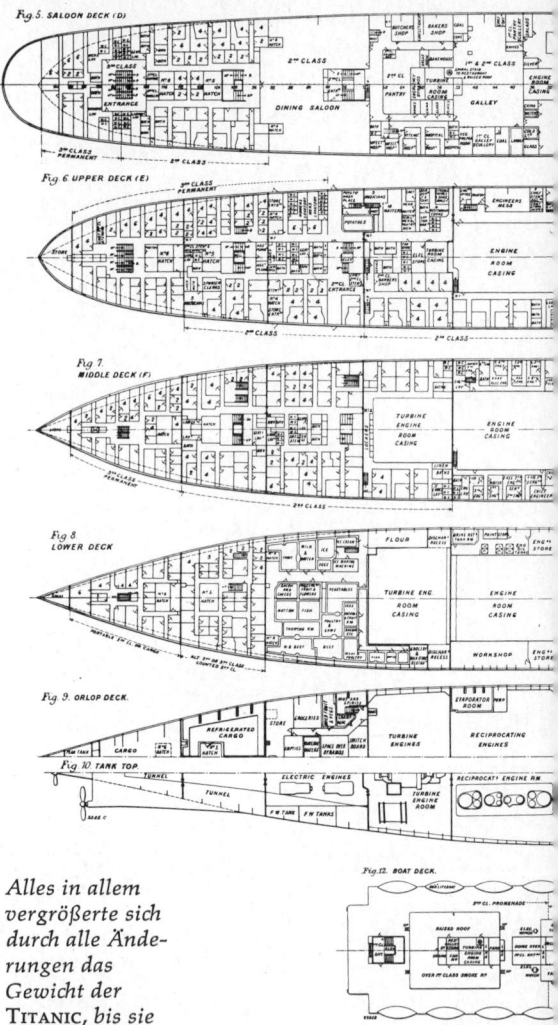

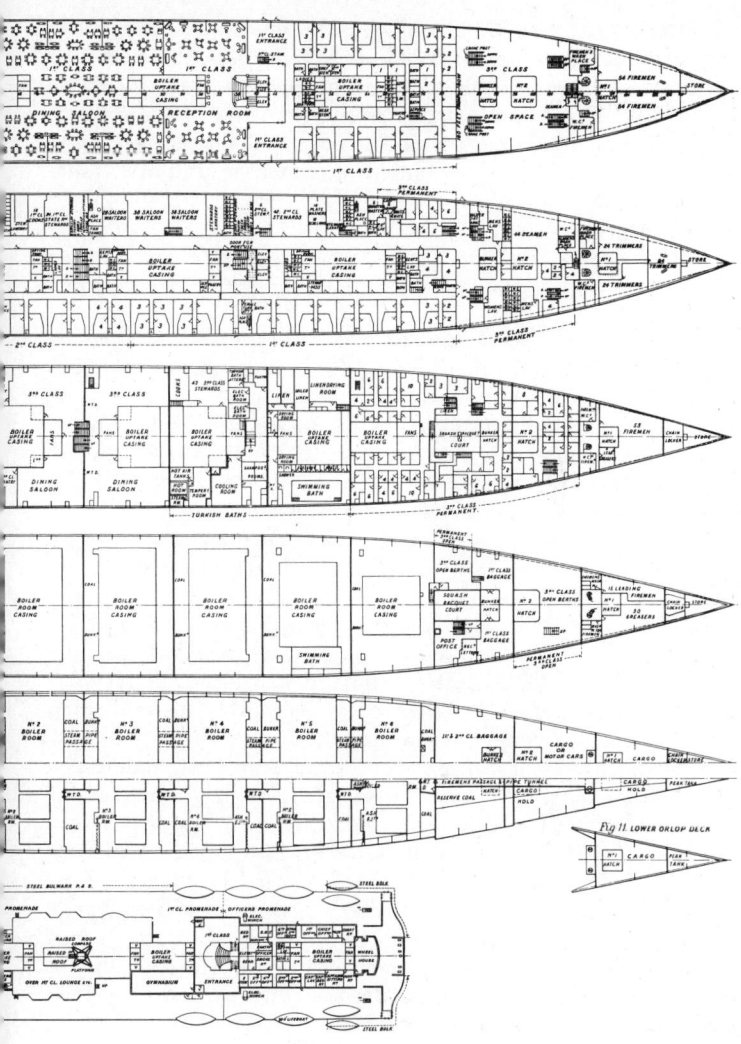

15

Auch die Passagiere in ihren Kabinen fühlten das eigenartige Kratzen. Sie versuchten, den Vorfall mit etwas Erlebtem zu vergleichen. Margarethe Fröhlicher, eine junge Schweizerin, die ihren Vater auf einer Geschäftsreise begleitete, erwachte mit einem Ruck. Schlaftrunken konnte sie an nichts anderes denken als an die kleinen weißen Fähren auf dem Zürichsee und wie ungeschickt sie oft anlegten.

»Wir legen an«, sagte sie leise. »Das ist komisch.«

Major Arthur Godfrey Peuchen zog sich gerade aus, um ins Bett zu gehen. Er glaubte, eine größere Woge habe das Schiff getroffen.

Mrs. J. Stuart White saß auf dem Bettrand. Sie war gerade dabei, das Licht zu löschen, als sie fühlte, wie das Schiff ›über Hunderte von Murmeln‹ rollte.

Lady Cosmo Duff Gordon dagegen, die aus dem Schlaf emporfuhr, glaubte zu spüren, wie ein ›gigantischer Finger die Schiffsseite entlangfuhr‹. Mrs. John Jacob Astor wiederum hielt das Ganze für ein ›Malheur in den Küchenräumen‹.

Manchen erschien der Ruck heftiger, anderen sanfter. Mrs. Albert Caldwell hatte die Vision eines riesigen Hundes, der ein kleines Kätzchen in seinen Fängen schüttelt. Mrs. Walter B. Stephenson fiel bei dem Stoß das Erdbeben von San Francisco ein – aber dann beruhigte sie sich und fand dies hier weit weniger aufregend. Mrs. E. D. Appleton empfand den Aufprall fast gar nicht. Sie vernahm ein unangenehmes Geräusch – als reiße man ein langes, langes Stück Baumwolle entzwei.

J. Bruce Ismay, Präsident der White Star Line, nahm den harten Ruck sehr wohl wahr. Er war zum reinen Vergnügen auf die Jungfernfahrt der TITANIC mitgekommen. Ismay wachte erschreckt im Bett seiner Luxussuite auf. Er glaubte mit Sicherheit, daß das Schiff auf etwas aufgefahren sei – aber auf was?

Andere Passagiere wußten bereits die Antwort auf diese bange Frage. Mr. und Mrs. George A. Harder in Kabine E-50, ein junges Paar auf der Hochzeitsreise, war noch wach, als der dumpfe Schlag zu hören war. Sie fühlten das Schiff beben, und ein metallisches Schurren entlang der Bordwand war zu hören. Mr. Harder sprang aus dem Bett und rannte an das Bullauge. Als er hinaussah, gewahrte er durch das Glas hindurch eine Eiswand, die vorüberglitt.

Dasselbe erlebte James B. McGough, ein Einkäufer von Gimbel's aus Philadelphia, nur waren seine Erfahrungen erregender. Das Bullauge stand offen, und als der Eisberg vorbeirutschte, fielen große Eisbrocken in seine Kabine.

Genau wie Mr. McGough lagen die meisten Passagiere der TITANIC schon zu Bett, als der Schlag erfolgte. An so einem stillen, kalten Sonntagabend schien der beste Platz ein gemütliches Bett zu sein. Sicherlich, wie immer gab es einige unermüdliche Nachtschwärmer, die noch auf den Beinen waren. Wie gewöhnlich hielten sich die meisten im Rauchsalon auf dem A-Deck auf.

Es war eine recht unterschiedliche Gesellschaft. Um einen runden Tisch saßen Archie Butt, Präsident Tafts Militärberater, daneben Clarence Moore, Reisemarschall der Hounds, Harry Widener, Sohn des Straßenbahnmagnaten aus Philadelphia, und William Carter, ein Schiffsmagnat. Sie hatten ein kleines Abendessen beendet, das Wideners Vater zu Ehren von Kapitän Edward J. Smith gegeben hatte. Nun, da der Kapitän sich früh zurückgezogen und man die Damen in ihre Kabinen geschickt hatte, saßen die Männer noch beisammen und rauchten eine letzte Zigarre. Die Unterhaltung schweifte von Politik zu Clarence Moores Abenteuern in Westvirginia, und wie er geholfen hatte, den berühmten alten Bergsteiger Anse Hatfield zu interviewen.

Nicht weit vom Tisch las Spencer V. Silverthorne, ein junger Einkäufer für das Kaufhaus Nugent in St. Louis, im weichen Ledersessel zusammengerollt in dem Bestseller ›Der Virginier‹.

Neben ihm kämpfte Lucien P. Smith (noch einer aus Philadelphia) mit den Schwierigkeiten der fremden Sprache. Er hatte drei Franzosen als Bridgepartner.

An einem anderen Tisch ging es lauter zu. Auch hier wurde Bridge gespielt, von jungen Leuten, die sonst lieber im Café Parisien im B-Deck saßen. Auch in dieser Nacht spielten sie, bis es um 23 Uhr 30 so kalt geworden war, daß die Mädchen zu Bett gegangen und die Männer zu einem letzten Drink in den Rauchsalon gewandert waren. Fast alle dieser Gruppe tranken Highballs. Hugh Woolner, Sohn des englischen Bildhauers, bevorzugte heißen Whisky mit Wasser. Leutnant Hokan Bjornstrom Steffanson, ein junger schwedischer Militärattaché, unterwegs nach Washington, hatte heiße Limonade bestellt.

Jemand hatte Spielkarten dabei, und da spielten sie und lachten, als plötzlich das schleifende Getöse anhob. Nicht eigentlich erschreckend, aber doch so, daß sie zusammenfuhren. Mr. Silverthorne setzt sich noch immer kerzengerade auf, wenn er davon berichtet.

Sekunden darauf rannten Mr. Silverthorne und der Steward des Rauchsalons durch die Tür, am Palmengarten vorbei und hinauf an Deck. Gerade noch rechtzeitig, um zu sehen, wie der Eisberg an der Steuerbordseite entlangschabte; er war ein kleines Stück höher als das Bootsdeck. Gebannt sahen sie Eisbrocken abbrechen und ins Wasser fallen. Kurz darauf verschwand der Riese in der Nacht hinter dem Schiff.

Nun rannten auch die anderen Gäste des Rauchsalons an Deck. Als Hugh Woolner ankam, hörte er einen Mann rufen: »Wir sind auf einen Eisberg geprallt – da ist er!«

Woolner kniff die Augen zusammen. Etwa 135 Meter achtern gewahrte er einen Eisberg, der sich dunkel gegen den sternklaren Nachthimmel abhob. Kurz darauf verschwand er aus seinem Blickfeld.

Die Aufregung legte sich bald. Die TITANIC schien die Kollision unbeschädigt überstanden zu haben, und draußen war es viel zu kalt, um herumzustehen. Langsam kehrten alle zurück in den Rauchsalon. Woolner nahm seine Karten auf, und das Bridgespiel ging weiter. Der letzte, der die Tür hinter sich schloß,

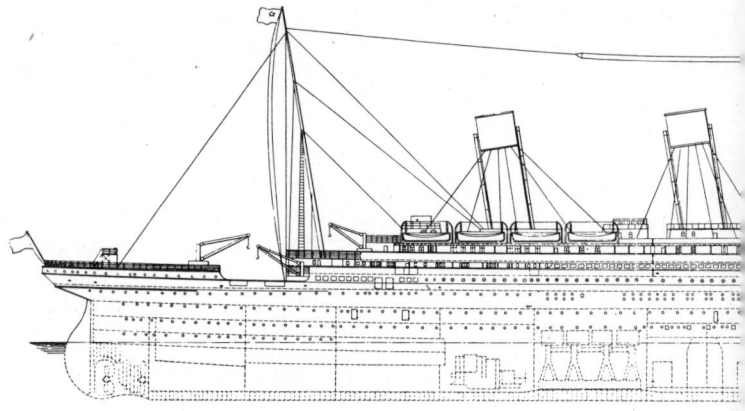

Die gezackte Linie zeigt den Spalt, den der Eisberg in das Schiff brach.

glaubte für Augenblicke, die Maschinen seien gestoppt worden.
Er hatte recht.

Auf der Brücke hatte Erster Offizier William M. Murdoch
gerade an den Maschinenraum ›Stop‹ durchgegeben. Murdoch
hatte während dieser Wache Dienst auf der Brücke, und das
Problem lag, nachdem Fleet eine Warnung telefoniert hatte, in
seinen Händen. Seitdem war eine gespannte Minute verstrichen.
Befehl an Steuermann Hitchens: »Ruder hart backbord!« An
Maschinenraum: »Äußerste Kraft zurück!« Ein harter Ruck, der
Knopf, der die wasserdicht schließenden Schotte sperrte – und
endlich diese 37 Sekunden atemlosen Wartens.
    Als das schürfende Reißen abebbte, stürzte Kapitän Smith
aus seiner Kabine auf die Brücke.
    »Mr. Murdoch, was war das?«
    »Ein Eisberg, Sir. Ich hielt hart backbord und ließ die Maschi-
nen voll rückwärts laufen. Ich wollte das Schiff aus dem Kurs
drücken, aber wir waren zu nahe dran, ich konnte nichts mehr
tun.«
    »Schotte dicht!«
    »Schon geschehen.«

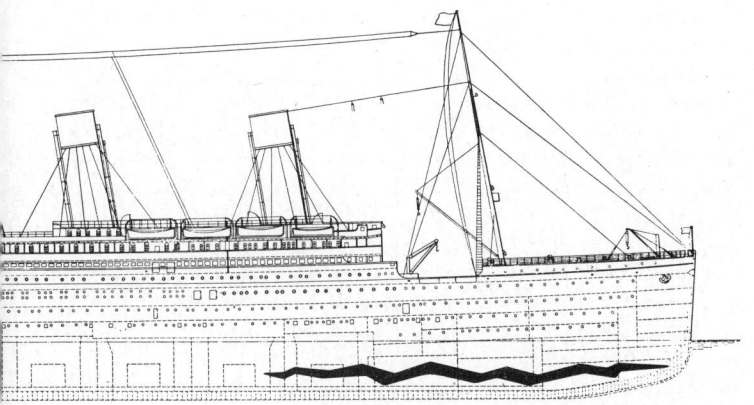

Im Kesselraum 6 hatte der Heizer Fred Barrett sich mit dem Zweiten Ingenieur James Hesketh unterhalten, als die Warnsirene losbrüllte und über den wasserdicht schließenden Heckschotten die roten Lämpchen aufglühten. Ein Schrei, ein ohrenbetäubendes Krachen – die ganze Steuerbordwand des Schiffes schien aufzureißen. Meerwasser schoß herein und strudelte um Röhren und Ventile. Die beiden Männer sprangen durch das Schott, gerade rechtzeitig, ehe es hinter ihnen zuschnappte.

Aber Barrett fand, daß auch im Kesselraum 5 die Dinge nicht zum besten standen. Der Riß lief durch Sektion 5 und reichte bis zu einem halben Meter hinter das dichte Schott. Ein dicker Wasserstrahl schäumte herein. Neben Barrett rührte es sich in einem Kohlenhaufen. George Cavell grub sich frei. Beim Zusammenprall hatte ihn die Kohle unter sich begraben. Ein anderer Heizer betrachtete traurig seinen umgestürzten Suppennapf, den er auf der Maschine zu wärmen gedacht hatte.

Die nächsten Kesselräume lagen zwar trocken, doch das Bild blieb gleich: Männer, die sich aufrappelten und sich zuriefen, was denn geschehen sei. Niemand wußte es genau. Bis zum heutigen Tag war die TITANIC die reinste Freude für alle gewesen. Ein funkelnagelneues Schiff auf ihrer Jungfernfahrt. Alles war sauber. Sie war, wie Heizer George Kemish sich entsinnt, »ein guter Job . . . Nicht das, was wir von alten Schiffen gewöhnt waren, wo man sich das Leben aus dem Leib arbeitete und dabei vor Hitze geröstet wurde«.

Alles, was man von den Heizern verlangte, war, daß sie die Öfen stets voll hielten. Hier war es nicht nötig, mit Eisenstangen, Zangen und Blasebälgen im Feuer zu hantieren. Deshalb schoben die Männer an diesem Sonntagabend eine ruhige Kugel – sie hockten auf umgestülpten Eimern, plauderten und warteten auf die Mittelwache von 0 bis 4 Uhr.

Dann kam der Zusammenstoß – das reibende, reißende Geräusch – der Befehl durchs Telefon – Schotte, die sich krachend schlossen. Die meisten Männer wußten nicht, was das zu bedeuten hatte. Das Gerücht verbreitete sich, die TITANIC sei vor Neufundland auf Grund gelaufen. Das glaubten viele selbst dann noch, als ein Heizer von oben herabgerannt kam und brüllte: »Blimey! Wir sind auf 'nen Eisberg gefahren!«

Etwa zehn Meilen entfernt stand Dritter Offizier Charles Victor Groves auf der Brücke des Leyland Liners CALIFORNIAN, eines englischen Postdampfers, der von London nach Boston unterwegs war. Ein schwerfälliges Schiff von 6000 Tonnen, das Platz für etwa 47 Passagiere bot; doch zur Zeit war kein Passagier an Bord. An diesem Sonntag war sie seit 10 Uhr 30 von treibendem Eis, umgeben.

Um etwa 23 Uhr 10 bemerkte Groves die Lichter eines anderen Schiffes, das sich von Osten her schnell näherte und die CALIFORNIAN passierte. Die strahlenden Lichter auf Deck ließen erkennen, daß es sich um ein großes Passagierschiff handeln mußte. Gegen 23 Uhr 30 klopfte Groves an die Jalousien von Kapitän Stanley Lords Kabine und berichtete ihm von der Begegnung. Lord schlug vor, per Signallampe Kontakt mit dem anderen Schiff aufzunehmen, und Groves machte sich ans Werk.

Dann, gegen 23 Uhr 40, bemerkte er, daß das große Schiff plötzlich stillstand und fast alle Lichter an Bord erloschen. Das überraschte Groves nicht. Er hatte einige Zeit bei einer Handelsschiffahrtslinie in Fernost gedient. Dort löschte man auch um Mitternacht, um die Passagiere zum Schlafen zu bewegen. Nie wäre ihm eingefallen, daß die Lichter vielleicht noch brannten und daß es nur aussah, als verlöschten sie, weil das Schiff ihm nicht mehr die Breitseite, sondern den Bug zuwandte.

2

»Sie reden von'nem Eisberg, Madam!«

Als sei nichts geschehen, hielt Fleet weiter Wache. Mrs. Astor legte sich auf ihren Kissen zurecht, und Leutnant Steffanson wandte sich erneut seiner heißen Limonade zu.

Auf Ersuchen mehrerer Passagiere machte sich James Witter, Rauchsalonsteward der zweiten Klasse, auf, um Einzelheiten des Vorgangs zu erkunden. Die Kartenspieler an den beiden Tischen blickten nicht einmal auf. Normalerweise erlaubte die White Star Line am Sonntag kein Kartenspiel, und die Passagiere wollten es gründlich ausnutzen, daß der Chefsteward unvermutet ein Auge zudrückte.

Im Leseraum der zweiten Klasse saß der Bibliothekar, den heute keiner mehr um Bücher schickte, an seinem Tisch und zählte in Ruhe die eingegangenen Leihkarten.

In den langen weißen Korridoren, die zu den eleganten Suiten führten, war nichts zu hören, nur das leise Gemurmel der Leute in ihren Kabinen, das ferne Schnappen einer Decktür, manchmal das Klappern von hohen Absätzen – die üblichen Nachtgeräusche eines Schiffes.

Alles schien völlig normal – und doch nicht ganz. In seiner Kabine auf Deck 13 hatte der 17jährige Jack Thayer eben seinen Eltern gute Nacht gesagt, Mr. und Mrs. John B. Thayer aus Philadelphia. Die Thayers hatten nebeneinanderliegende Suiten. Das war Mr. Thayers Einfluß als zweiter Vizepräsident der Pennsylvania Railroad zu verdanken. Als Jack nun dastand und seine Pyjamajacke zuknöpfte, hörte das leise Windrauschen, das durch sein Bullauge kam, plötzlich auf.

Ein Deck tiefer saßen Mr. und Mrs. Henry B. Harris in ihrer Kabine und spielten Mensch-ärgere-dich-nicht. Mr. Harris, der Broadway-Stücke produzierte, war müde; seine Frau hatte sich kürzlich den Arm gebrochen und konnte nicht schlafen. Beide sprachen wenig. Mrs. Harris beobachtete müßig, wie bei den Bewegungen des Schiffes ihre Kleider auf den Bügeln schaukelten. Plötzlich hörte das Schaukeln auf.

Noch ein Deck weiter unten lag Lawrence Beesley, ein junger

Doktorand des Dulwich Colleges, in seiner Doppelkabine zweiter Klasse. Er las, und die Bewegungen des Schiffes wiegten ihn auf seiner Matratze wie ein Kind in der Wiege – doch plötzlich war alles ganz anders.

Das Knirschen des Holzes, der ferne Rhythmus der Maschinen, das beständige Klirren der Glaskuppel über dem Foyer des A-Decks – all diese gewohnten Schiffsgeräusche verstummten mit einemmal. Die TITANIC lag ganz still. Und die Stille beunruhigte die Passagiere weit mehr als der Stoß, den sie soeben verspürt hatten.

Man läutete nach dem Steward, aber es war nicht leicht, etwas zu erfahren.

»Warum halten wir an?« fragte Lawrence Beesley einen vorbeihastenden Steward.

»Ich weiß es nicht, Sir«, gab er zur Antwort. »Aber ich glaube, es gibt keinen Anlaß zur Beunruhigung.«

Mrs. Arthur Ryerson, deren Familie Stahl kochte, erzielte bessere Ergebnisse bei ihrer Umfrage.

»Sie reden von 'nem Eisberg, Madam!« teilte Steward Bishop ihr mit. »Und sie haben gestoppt, um nicht draufzufahren.«

Mrs. Arthur Ryerson zerbrach sich den Kopf, was nun zu tun sei. Victorine, ihre französische Zofe, stand unschlüssig neben ihr. Mr. Ryerson war zum erstenmal seit Beginn der Reise fest eingeschlafen, und sie hatte keine Lust, ihn aufzuwecken. Sie schritt durchs Zimmer zu dem eckigen schweren Glasfenster, das aufs Meer hinausging. Draußen lag die See ruhig unter einem herrlichen Nachthimmel.

Andere Passagiere wollten es genau wissen. Mit der ruhelosen Neugierde, die Menschen an Bord eines Schiffes meist ergreift, begannen sie, die TITANIC zu durchforsten, um eine Antwort zu erhalten.

In C-51 begann Colonel Archibald Gracie methodisch, Unterwäsche, Socken, Hosen und seine Norfolk-Jacke einzupacken. Gracie war Amateurhistoriker für Militärgeschichte mit einem privaten Einkommen. Er begab sich ohne Umschweife zum Bootsdeck. Jack Thayer hingegen warf nur einen Mantel über seinen Pyjama und rannte los. Seinen Eltern rief er zu, er wolle hinauf und sich ›den Spaß mal ansehen‹.

Auf Deck gab es weder einen großen Spaß zu sehen noch war irgendein Zeichen der Gefahr zu erkennen. Die meisten Neu-

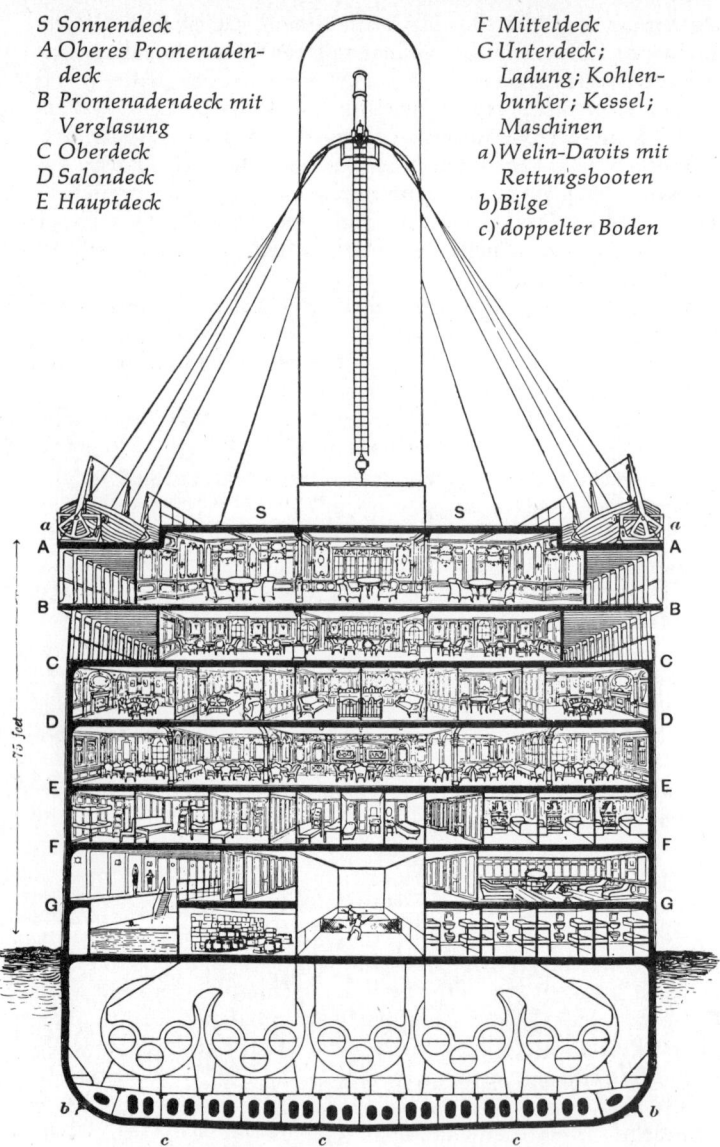

S Sonnendeck
A Oberes Promenaden-
  deck
B Promenadendeck mit
  Verglasung
C Oberdeck
D Salondeck
E Hauptdeck

F Mitteldeck
G Unterdeck;
  Ladung; Kohlen-
  bunker; Kessel;
  Maschinen
a) Welin-Davits mit
   Rettungsbooten
b) Bilge
c) doppelter Boden

gierigen wanderten ziellos auf und ab, standen an den Relings und starrten hinaus in die Nacht, um irgendeinen Anhaltspunkt zu entdecken.

Die TITANIC lag reglos, wie tot im Wasser. Drei riesige Schornsteine – der vierte war ein ›blinder‹ – bliesen Rauch in den sternklaren Nachthimmel. Ansonsten war alles wie immer. In Hecknähe schlenderte ein ältliches Paar Arm in Arm, ohne sich um die kleineren Passagiergrüppchen zu kümmern.

Es war so bitterkalt draußen, und es gab so wenig zu sehen, daß die meisten Leute bald wieder ins Innere zurückkehrten. Im prachtvollen Foyer auf dem A-Deck fanden sie Gruppen von Passagieren, die sich ebenfalls aus Neugierde erhoben hatten, es aber vorzogen, im warmen Raum zu bleiben.

Welch seltsames Bild bot sich den Augen. Die Garderoben waren äußerst unterschiedlich. Es mischten sich Bademäntel mit Abendkleidern, Pelzmäntel mit Rollkragenpullovern. Das Bühnenbild zu dieser Szene bestand aus gediegener Eichentäfelung, wunderbaren schmiedeeisernen Balustraden, einer Wanduhr, die zwei Nymphen aus Bronze flankierten, Symbole für Ehre und Ruhm – und über allem die riesige Glaskuppel.

»Vielleicht wird's ein paar Stunden dauern, ehe wir weiterfahren«, erklärte ein Steward äußerst vage einem Passagier der ersten Klasse, George Harder.

»Sieht aus, als hätten wir eine Schraube verloren, aber das hat sein Gutes. Da bleibt uns mehr Zeit zum Bridgespielen!« rief Howard Case, der Londoner Geschäftsführer von Vacuum Oil. Fred Seward, ein New Yorker Rechtsanwalt, stimmte ihm zu. Vielleicht hatte Mr. Case dieselbe Theorie wie Steward Johnson, der bereits von den Tagen im Hafen von Belfast träumte. Aber die meisten Passagiere wußten um diese Zeit schon besser Bescheid.

◄ *Die enorme Größe der* TITANIC *stellte hohe Ansprüche an den Einfallsreichtum der White-Star-Line-Presseagenten. Eine beliebte Reklame war die Rißzeichnung des Querschnitts. Deck folgt auf Deck, eines luxuriöser und glänzender als das nächste. Die Zeichnung ist allerdings in einem Punkt nicht korrekt: Die Rettungsboote befanden sich in Wirklichkeit auf dem Bootsdeck, darunter kamen A-, B- und C-Deck.*

»Was sagst du nun?« fragte Harvey Collyer seine Frau, als er von einem Rundgang auf Deck in die Kabine zurückkehrte. »Wir sind gegen einen Eisberg gefahren – gegen einen großen –, aber es besteht keine Gefahr, das hat mir der Offizier versichert.«

Die Collyers reisten zweiter Klasse. Sie waren aus England nach Idaho unterwegs, wo sie kürzlich im Fayette Valley eine Obstplantage erworben hatten. Sie waren zum erstenmal auf dem Atlantik unterwegs, und sicher hätte die Neuigkeit Mrs. Collyer aus dem Bett getrieben, hätte sie nicht so viel zu Abend gegessen. Das Dinner war besonders reichhaltig gewesen. Deshalb fragte sie ihren Mann nur, ob sich irgend jemand wirklich ängstigte, und als er dies verneinte, legte sie sich wieder in ihre Koje.

John Jacob Astor kehrte ohne große Besorgnis in seine Kabine zurück, nachdem er sich informiert hatte. Ruhig erklärte er Mrs. Astor, das Schiff sei auf Eis aufgefahren, aber es sähe keineswegs gefährlich aus. Mrs. Astor nahm diese Nachricht ebenso unbesorgt entgegen.

»Was ist passiert, was meldet man?« fragte William T. Stead, einer der führenden englischen Spiritisten, Reformer, Evangelisten und Herausgeber einschlägiger Schriften, alles in einer Person. Ein berufsmäßiger Individualist, und fast glaubte man, er habe seinen Auftritt auf Deck extra später als alle anderen geplant.

»Eisberge«, sagte Frank Millet kurz angebunden. Millet war ein berühmter amerikanischer Maler.

»Nun«, sagte Stead und zuckte mit den Schultern, »dann ist es ja nichts Ernstes. Ich geh' zurück in meine Kabine und lese.«

Mr. und Mrs. Dickinson Bishop aus Dowagiac, Michigan, reagierten ähnlich. Als der Decksteward ihnen mitteilte, »wir sind nur an einen kleinen Eiswürfel gestoßen und weitergefahren«, kehrten die Bishops in ihre Suite zurück und entkleideten sich wieder. Mr. Bishop nahm ein Buch zur Hand und hatte eben angefangen zu lesen, als ein Klopfen an der Tür ihn auffahren ließ. Es war Mr. Albert A. Stewart, ein überschwenglicher alter Herr, der ein starkes Interesse für den Zirkus Barnum & Bailey hegte.

»Kommen Sie doch heraus und amüsieren Sie sich!«

Auch andere Passagiere hatten ähnliche Einfälle. Der Erste-Klasse-Passagier Peter Daly hörte, wie eine junge Dame zu einer anderen sagte: »Komm doch und laß uns den Eisberg anschauen – wir haben ja noch nie einen gesehen.«

Im Rauchsalon der zweiten Klasse scherzte jemand und fragte, ob er wohl Eis vom Eisberg in seinen Drink kriegen könnte.

Er hätte es haben können!

Als die TITANIC mit dem Eisberg kollidierte, fielen mehrere Tonnen Eis auf das Steuerborddeck gegenüber dem Vordermast.

Das war der Erholungsbereich der Passagiere dritter Klasse, und bald hatte ein Trupp neugieriger Passagiere das Eis entdeckt. Aus ihrem Kabinenfenster auf dem B-Deck sah Mrs. Natalie Wick zu, wie sie sich spielerisch mit den Eisbrocken bewarfen.

Bald wurde das Eis zur wahren Touristenattraktion. Major Arthur Godfrey Peuchen, ein Industriechemiker mittleren Alters aus Toronto, benutzte die Gelegenheit, um sich einem bedeutenden Landsmann zu nähern, Mr. Charles M. Hays, Präsident der Grand Trunk Railroad.

»Mr. Hays!« rief er. »Haben Sie das Eis gesehen?« Als Mr. Hays sagte, er habe es nicht gesehen, bohrte Peuchen weiter. »Kommen Sie mit an Deck, ich zeige es Ihnen.«

Und so erklommen sie das A-Deck und sahen zu.

Der Besitz des Eises blieb nur für kurze Zeit Monopol der dritten Klasse. Colonel Gracie stand im Foyer des A-Decks, als ihm Clinch Smith auf die Schulter klopfte. Smith war eine Person des öffentlichen Lebens in New York, und seine Abenteuer schlossen auch das berüchtigte Abendessen bei Stanford White ein, bei dem der Hausherr von Harry K. Thaw erschossen wurde.

»Wollen Sie«, fragte Smith, »ein Souvenir, um es mit nach New York zu nehmen . . .«

Er öffnete die Hand und ließ Gracie ein Stück Eis sehen, flach wie eine Taschenuhr.

Der Sammeltrieb packte auch andere. Der Matrose John Poingdestre hob einen Brocken auf und zeigte ihn in der Mannschaftsmesse. Ein Zwischendeckpassagier schenkte dem Vierten Offizier Boxhall einen Brocken von der Größe eines Fußballs. Als der Schmierer Walter Hurst sich halbwach im Bett umdrehte, trat sein Schwiegervater, der mit ihm im selben Zimmer schlief, ein und warf ihm einen Brocken Eis ins Bett. Ein Mann kam in die Stewardsquartiere, ein Eisstück von der Größe einer Teekanne in der Hand, und sagte zu Steward F. Dent Ray: »Ganze Tonnen Eis liegen vor unserem Schiff.«

»Na, wenn schon.« Ray gähnte. »Das macht uns doch nichts aus.«

Damit drehte er sich auf die andere Seite und schlief weiter.

Henry Samuel Etches, Steward der ersten Klasse, war etwas neugieriger als sein Kollege. Zur Zeit des Zusammenstoßes hatte er keinen Dienst. Er schritt den Gang zum E-Deck hinunter, um der Sache nachzugehen, und stieß dort mit einem Passagier der dritten Klasse zusammen, der ihm entgegenkam. Als wolle er Etches mit einem unwiderlegbaren Beweisstück konfrontieren, warf er einen Eisbrocken polternd auf die Deckplanken und rief: »Glauben Sie's *jetzt?*«

Bald sollte es beunruhigende Beweise dafür geben, daß sich nicht alles im Lot befand. Um 23 Uhr 50, zehn Minuten nach dem Zusammenstoß, ereigneten sich seltsame Dinge in den ersten sechs von 16 abgeschotteten Abteilungen* der TITANIC.

Lampentrimmer Samuel Hemming, der dienstfrei hatte, lag in seiner Koje im Vorschiff und hörte einen seltsam zischenden Laut, der vom Bug herkam, aus der Vorpiek, dem Raum, der am nächsten der Schiffsspitze lag. Er sprang auf und näherte sich der Quelle des Geräuschs, so weit er konnte. Er entdeckte, daß das Pfeifen von der Luft verursacht wurde, die aus dem Vorderteil des Schiffsraumes entwich, wo die Ankerkette vertaut lag. Weiter unten drückte das Wasser mit solcher Kraft ins Innere, daß die Luft unter ungeheurem Druck entweichen mußte.

Die nächsten Räume achtern waren die Kojen der Heizer und Laderaum 1.

Der Oberheizer Charles Hendrickson wurde von einem seltsamen Ton aus dem Schlaf gerissen. Aber diesmal handelte es sich nicht um pfeifende Luft, sondern um Wasser. Als er die Wendeltreppe, die die Kabinen der Heizer mit den Kesselräumen verband, hinabschaute, sah er grünes schäumendes Meerwasser um die gußeisernen Stufen wirbeln.

Der Zwischendeckpassagier Carl Johnson erlebte eine böse Überraschung in seinem Abteil weiter achtern. Die billigsten Unterkünfte befanden sich dort – die niedrigsten des ganzen Schiffes, die dem Bug am nächsten lagen.

---

* Ein mannshoher Doppelboden, der fast über die ganze Schiffslänge reichte, enthielt 60 wasserdichte Abteilungen. 15 vertikale Querschotte – ihre Durchgänge ließen sich hydraulisch schließen – teilten im Falle einer Gefahr den Rumpf in 16 Abteilungen.

Eine weitere, sehr beliebte Darstellung zeigte das Schiff im Vergleich mit hohen Bauwerken. Umsonst, so schien es, hatte der Zeichner die Welt durchforscht, um etwas ähnlich Großes aufzutreiben.

Als Johnson sich erhob, um die leise Unruhe vor seiner Kabinentür zu ergründen, quoll Wasser unter seiner Tür herein und schwappte um seine Füße. Er beschloß, sich anzuziehen, und als er fertig war, reichte ihm das Wasser bis über die Schuhe. Mit kühlem, fast klinischem Interesse stellte er fest, daß sich das Wasser gleichmäßig über den Boden verteilte. Nebenan reagierte der Zwischendeckpassagier Daniel Buckley nicht ganz so schnell. Als er endlich aus seiner Koje sprang, stand er bis zu den Knöcheln im Wasser.

Fünf Postangestellte, die in der vierten Abteilung arbeiteten, wurden weit nasser als Johnson und Buckley. Die Postabteilung der Tɪᴛᴀɴɪᴄ war auf zwei Decks verteilt. Zusammen mit dem Gepäck der ersten Klasse wurde die Post auf dem Orlop-Deck gestapelt und auf dem darüber liegenden G-Deck sortiert und

29

ausgegeben. Die beiden Ebenen waren durch einen breiten Eisensteg verbunden, der sich bis zum Deck fortsetzte. Innerhalb von fünf Minuten schlug das Wasser den Postbeamten um die Knie. Sie schleppten 200 Säcke mit eingeschriebener Post den Steg hinauf in den Sortierraum, der noch im Trockenen lag.

Fünf Minuten später hatte das Wasser die Stufe erreicht und schwappte auf das G-Deck. Nun ließen die Postleute ihr Büro im Stich und zogen sich höher hinauf auf das F-Deck zurück.

Am Ende der Treppe sahen sie sich Auge in Auge mit einem alten Paar, das zu ihnen hinunterstarrte, Mr. und Mrs. Norman Campbell Chambers aus New York. Der Lärm von unten hatte sie herbeigelockt, als sie eben von einem ergebnislosen Forschungsausflug auf das Promenadendeck zurückkehrten. Nun betrachteten sie zusammen mit den Postbeamten die Überschwemmung. Man scherzte über das nasse Gepäck und fragte sich, was wohl in den Briefen, die umherschwammen, stehen mochte.

Andere Leute kamen dazu und gingen weiter – der Vierte Offizier Boxhall, der Zweite Hilfssteward Wheat, sogar Kapitän Smith. Aber sie alle und auch die Chambers' glaubten keinen Augenblick, daß Gefahr im Verzug war.

Die fünfte wasserdichte Abteilung vom Bug nach achtern enthielt den Kesselraum 6. Dort waren Heizer Barrett und Zweiter Ingenieur Hesketh im letzten Augenblick durch die wasserdichten Schotte gesprungen, ehe sie zuklappten. Andere schafften es nicht und kletterten hastig die Notleitern nach oben. Ein paar Besatzungsmitglieder blieben unten, und bald kamen andere wieder zurück.

Rufe ertönten von irgendwoher.

»Schließt die Dämpfer bei allen Feuerungen!«

»Drosselt das Feuer!«

Heizer George Beauchamp arbeitete fieberhaft, als das Wasser durch die Kesselräume hereinschoß und durch die Bodenplatten aufstieg. In Minutenschnelle reichte es ihm bis zur Taille, schwarz und fettig vom Schmieröl des Maschinenraumes. Die Luft war erfüllt von Dampfwolken. Heizer Beauchamp hat nie erfahren, wer den erlösenden Satz rief; er hörte nur: »Das reicht!«

Viel zu erleichtert, um nachzufragen, kletterte er die Treppe hinauf – zum letztenmal.

Im selben Moment kämpfte der Zweite Ingenieur Hesketh, nun auf der trockenen Seite der wasserdichten Schotte im Kesselraum 5, darum, alles wieder in den Griff zu bekommen. Noch immer schoß das Meer durch einen breiten Riß neben dem geschlossenen Schott. Aber die Ingenieursgehilfen Harvey und Wilson betätigten die Lenzpumpen und waren damit schneller als das einströmende Wasser.

Ein paar Minuten standen die Heizer mit hängenden Armen und beobachteten das Treiben Harveys und Wilsons. Ein Anruf aus dem Maschinenraum beorderte sie aufs Bootsdeck. Sie drängten die Treppen nach oben, aber von der Brücke wurde ihnen erneut befohlen, wieder nach unten zu steigen. Lange Minuten liefen sie so auf dem Gang von Deck E durcheinander – mal da-, mal dorthin, Opfer der Bürokratie des Riesenschiffes und ziellos.

Inzwischen waren die Lichter im Kesselraum ausgegangen. Harvey befahl dem Heizer Barrett, der zurückgeblieben war, nach achtern zu gehen, um Laternen aus dem Maschinenraum zu holen. Die Schotte war mittlerweile geschlossen worden, deshalb mußte Barrett die Notleiter hinaufsteigen, oben entlanglaufen und wieder hinuntersteigen. Als er gerade dabei war, auf der anderen Seite abzusteigen; kam das Licht wieder, und die Ingenieure brauchten keine Lampen mehr.

Als nächstes befahl Harvey Barrett, die Kessel zu drosseln und die Feuer zu löschen. Der Druck, der sich aufgebaut hatte, als das Schiff sich in voller Fahrt befand, hob nun die Sicherheitsventile, und der Überdruck wurde gefährlich. Barrett enterte die Leiter erneut und rekrutierte an die fünfzehn Heizer, die auf dem E-Deck herumstanden. Alle klapperten die Eisentreppe herunter und machten sich daran, die Feuer mit Wasser zu löschen und die Kesselklappen zu schließen, damit der Dampf nicht nach außen drang. Ein Heizer erinnert sich noch heute mit Grauen: »Mann, das war vielleicht 'ne höllische Sache, all die Feuer auszulöschen!«

Dampfschwaden erfüllten den Kesselraum, die Männer waren in Schweiß gebadet, aber nach und nach kehrte eine gewisse Ordnung wieder ein. Die Lichter brannten wieder, Kesselraum 5 war nun wasserfrei. Wenigstens schien hier alles unter Kontrolle zu sein. Die Stimmung besserte sich, man faßte Hoffnung, und Heiterkeit breitete sich aus. Als jemand berichtete, die Männer von der Mittelschicht hätten ihre Kojen auf Deck gezogen, weil ihre

Kajüten unter Wasser standen, fanden das alle sehr komisch und lachten darüber.

Auf der Kommandobrücke versuchte Kapitän Smith sich einen Überblick zu verschaffen. Keiner wäre dazu besser in der Lage gewesen als er. Nach achtunddreißig Dienstjahren bei der White Star Line war er mehr als nur der Seniorkapitän der Linie. Er war ein bärtiger Patriarch, den Mannschaft und Passagiere gleichermaßen verehrten. Alles an ihm wurde geliebt – besonders die wunderbare Mischung aus Strenge und großer menschlicher Umgänglichkeit. »Zigarren«, sagte seine Tochter, »waren seine ganze Wonne. Wenn er rauchte, durfte man nur im Zimmer sein, wenn man sich ganz ruhig verhielt, so daß der blaue Rauch, der über seinen Kopf stieg, sich nicht ein bißchen bewegte.«

Kapitän Smith war eine natürliche Autorität, und als er das Ruderhaus nach dem Zusammenstoß verließ, nahm er sich nur kurz Zeit, um auf der Steuerbordseite der Kommandobrücke nachzusehen, ob der Eisberg noch in Sicht war. Erster Offizier Murdoch und Vierter Offizier Boxhall folgten ihm, und sekundenlang standen die drei Männer einfach still da und starrten hinaus in die Finsternis. Boxhall glaubte, achtern eine dunkle Masse zu erkennen, aber sicher war er sich nicht.

Von da an lief alles ganz geschäftsmäßig ab. Kapitän Smith schickte Boxhall aus, um eine schnelle Inspektion des Schiffes vorzunehmen. In Minutenschnelle war er zurück. Er war im Zwischendeck so weit nach vorn gestoßen, wie er konnte. Keine Zeichen einer Zerstörung. Das war die letzte gute Nachricht, die der Kapitän diese Nacht erhielt.

Dennoch sorgte er sich immer noch.

Er sagte zu Boxhall: »Gehen Sie hinunter und suchen Sie einen Zimmermann. Er soll das Schiff auf Lecks prüfen.«

Boxhall stieß in der Mitte der Treppe mit dem Zimmermann J. Hutchinson zusammen, der sich eben anschickte, nach oben zu hasten. Als Hutchinson sich mit den Ellenbogen freie Bahn schaffte, keuchte er: »Schnell, sie macht gewaltig Wasser!«

Hart auf den Fersen des Zimmermanns folgte der Postbeamte Jago Smith. Auch er hastete zur Brücke und brüllte im Vorbeiklettern: »Der Postraum füllt sich rapide!«

Als nächster tauchte Bruce Ismay auf. Er hatte den Anzug über den Pyjama angezogen und trug Hausschuhe. Er kletterte auf die Brücke, um zu erkunden, ob irgend etwas geschehen sei, das der Präsident der Schiffahrtslinie wissen müsse. Kapitän Smith informierte ihn über den Eisberg. Ismay fragte darauf: »Glauben Sie, das Schiff ist ernsthaft beschädigt?«

Pause. Dann sagte der Kapitän: »Ich fürchte, ja.«

Bald sollten sie mehr davon erfahren. Man hatte telefonisch Thomas Andrews, das geschäftsführende Vorstandsmitglied von Harland & Wolff, herbeizitiert. Als Erbauer des Schiffes machte Andrews die Jungfernfahrt mit, um eventuelle Konstruktionsfehler beseitigen zu können. Wenn ein Mensch in der Lage war, die Situation zu erfassen, dann er.

Er war eine beeindruckende Persönlichkeit. Als Erbauer des Schiffes kannte er natürlich jedes Detail der Titanic. Aber damit nicht genug. Nichts, was das Schiff betraf, sei es noch so klein oder unwichtig, entging seiner Aufmerksamkeit. Es schien fast, als könne er im voraus bestimmen, wie sich das Schiff in bestimmten Situationen verhalten würde. Er verstand sich auf Schiffe, wie manche Männer sich auf Pferde verstehen.

Genauso kannte er sich mit den Leuten aus, die auf Schiffen zu finden sind. Alle kamen sie mit ihren Problemen zu Andrews, so zum Beispiel Erster Offizier Murdoch, der sich Sorgen machte, weil Hauptoffizier Wilde ihn aus seinem Amt zu verdrängen drohte. Dann sprachen ein paar zerstrittene Stewardessen bei ihm vor, die Andrews sozusagen zum Richter bestimmten. An diesem Abend hatte ihm Bäckermeister Charles Joughin einen Extralaib Brot gebacken.

Bisher war die Reise, was Andrews betraf, den Erwartungen gemäß verlaufen. Den ganzen Tag durchkämmte er das Schiff und machte Notizen. Pünktlich um 18 Uhr 45 zog er sich zum Dinner um. Meist speiste er mit dem alten Dr. O'Loughlin, dem Schiffschirurgen, der ebenfalls eine gute Hand mit dem Personal hatte. Dann kehrte er in seine Luxussuite A-36 zurück, die vollgepackt war mit Plänen, Zeichnungen und Lichtpausen. Dort bearbeitete er seine Notizen und verglich sie mit den Plänen.

Heute nacht hatten sich ganz typische Probleme gezeigt: In der Kombüse des Restaurants funktionierte die Heizpumpe nicht; die Färbung der Kieselsteine auf den privaten Promenadendecks war zu dunkel; es gab zu viele Haken an den Hutständern der Luxuskabinen. Auch gab es die Überlegung, einen Teil des Schreibsalons in zwei weitere Suiten umzubauen. Der Schreibsalon war ursprünglich dazu gedacht gewesen, den Damen Gelegenheit zu geben, sich dort nach dem Dinner zurückzuziehen. Aber man schrieb das zwanzigste Jahrhundert, und die Damen dachten nicht daran, sich zurückzuziehen. Ganz offensichtlich würde ein kleinerer Raum genügen.

Völlig vertieft in seine Pläne, nahm Andrews den Aufprall und die Unruhe überhaupt nicht wahr. Er blickte erst von seinen Lichtpausen auf, als Kapitän Smith ihn auf die Brücke bitten ließ.

Kurz darauf unternahmen Kapitän Smith und Andrews ihre eigene Erkundungsreise – die Mannschaftstreppen hinunter, um keine Aufmerksamkeit zu erregen – durch das Labyrinth von Gängen im unteren Teil des Schiffes – vorbei am Postbüro, in dem das Wasser stetig stieg – an den Squash-Plätzen vorbei, wo nun die See gegen die Markierungslinien der Wand leckte.

Auf ihrem Rückweg zur Brücke kamen sie durch das Foyer des A-Decks, in dem die Passagiere sich drängten. Alle versuchten, am Gesicht der beiden Männer ablesen zu können, ob die Lage gut oder schlecht sei. Aber kein Mensch konnte einen Anhaltspunkt erkennen.

Andere Mitglieder der Mannschaft konnten sich weniger beherrschen. In D-60 bat Mrs. Henry Sleeper Dr. O'Loughlin darum, ihren kranken Mann zu überreden, im Bett zu bleiben. Aber der alte Doktor rief: »Man sagt mir, das Gepäck schwimmt bereits in den Laderäumen umher. Es wäre besser, Sie gingen jetzt gleich auf Deck.«

In C-91 saß die junge Gouvernante Elizabeth Shutes mit ihrem 19jährigen Zögling Margaret Graham. Als sie einen Offizier an der Kabinentür vorbeihasten sah, fragte ihn Miß Shutes, ob Gefahr bestünde.

»Nein«, rief er fröhlich, aber sie hörte ihn weiter den Gang hinunter sagen: »Eine Zeitlang können wir das Wasser raushalten.«

Miß Shutes schaute Margaret an, die nervös an einem Hühnersandwich kaute. Ihre Hand zitterte so sehr, daß das Hühnerfleisch immer wieder zwischen dem Brot herausrutschte und auf den Tisch fiel.

Auf dem E-Deck wurden keine Fragen mehr gestellt. Der breite Korridor dort stellte die schnellste Durchgangspassage von einer Seite zur anderen Seite des Schiffes dar. Die Offiziere nannten ihn ›Park Lane‹, die Mannschaft ›Scotland Road‹. Nun war er völlig verstopft von schiebenden, drängenden Menschen.

Ein Teil davon waren die Heizer, die aus Kesselraum 6 geflohen waren, aber hauptsächlich waren es Zwischendeckpassagiere, die sich langsam nach achtern durchschlugen, viele mit Gepäckstücken und Schachteln beladen.

Diesen Leuten brauchte keiner mehr zu sagen, daß Gefahr im Verzug war. Diejenigen, die weit unten auf der Steuerbordseite untergebracht worden waren, hatten den Zusammenstoß nicht als ›schwaches Schleifen‹ wahrgenommen. Vielmehr war es ein ›höllisches Krachen‹ gewesen, das sie aus den Betten fahren ließ.

Mrs. Celiney Yasbeck, eine junge Frau, die erst fünfzig Tage verheiratet war, rannte mit ihrem Mann auf den Gang hinaus. Statt mühsam auf Deck hinaufzuklettern, um Informationen zu holen, schien es den beiden einfacher zu sein, nach unten zu steigen, um zu sehen, was es gäbe. In langen Nachthemden fanden sie eine Tür, die zu den Kesselräumen führte, und äugten hinunter. Die Yasbecks brauchten nur einmal hinzuschauen – sie rasten in ihre Kabine zurück und fingen an, sich hastig anzuziehen.

Auf dem A-Deck machte Lawrence Beesley eine merkwürdige Feststellung. Er war auf dem Weg nach unten, um seine Kabine zu überprüfen, als er das Gefühl hatte, ›etwas mit den Treppen wäre nicht ganz in Ordnung‹. Sie erschienen ihm flach, und sein Schritt hatte nicht den gewohnten Rhythmus beim Abwärtssteigen. Er trat ins Leere und mußte mit dem Fuß nach der nächsten Stufe tasten. Es schien, als senke sich das Schiff am Bug.

Auch Major Peuchen bemerkte dieses Phänomen. Er stand gerade mit Mr. Hays am vorderen Ende des A-Decks und sah den Zwischendeckpassagieren zu, wie sie mit den losen Eisbrocken Fußball spielten. Er fühlte, wie das Deck langsam Neigung bekam.

»Herrgott, sie hat Schlagseite«, rief er Hays zu. »Das darf nicht sein. Die See ist ruhig, und das Schiff hat gestoppt.«

»Also, ich weiß nur eins«, sagte Hays geruhsam, »dieses Schiff *kann* gar nicht untergehen.«

Auch andere Leute bemerkten die Neigung zum Bug hin, aber es schien geschmacklos, darauf hinzuweisen. Im Kesselraum Nummer 5 beschloß Heizer Barrett, den an den Pumpen hängenden Ingenieuren nichts davon zu sagen. Ganz oben auf dem

Die TITANIC *auf dem Dock wartet darauf, vom Stapel zu laufen. Die provisorischen Zuschauertribünen und der Fahnenschmuck deuten darauf hin, daß der große Augenblick nicht mehr fern ist. Die üblichen Würdenträger sind zum Stapellauf geladen, auch J. Pierpont Morgan, die alles beherrschende Figur der International Mercantile Marine, der amerikanischen Gesellschaft, die nun auch die White Star Line unter Kontrolle hat. Wenn man die großartigen Neuerungen betrachtet, will es jedoch scheinen, als hätten weder Harland & Wolff noch die White Star Line allzuviel Aufhebens um das Ereignis gemacht.*

A-Deck reagierten Colonel Gracie und Clinch Smith auf ähnliche Weise. Auf der Brücke zeigte der Kollektor eine leichte Senkung bugwärts und einen Hebewinkel von fünf Grad Steuerbord.

Andrews und Kapitän Smith kalkulierten eilig: Wasser im Vorschiff; Nummer 1 voll; Nummer 2 voll; Postbüro, Kesselraum Nummer 6 und Kesselraum Nummer 5. Wasserstand zirka 4,25 Meter über Kielebene in den ersten zehn Minuten, überall bis auf Kesselraum Nummer 5. Das bedeutete alles in allem Wassereinbruch in einer Länge von mindestens 100 Meter. Die vorderen fünf Abteilungen lagen hoffnungslos unter Wasser.

Was bedeutete das? Andrews erklärte ganz ruhig, die TITANIC könne sich mit zwei gefüllten, wasserdicht geschotteten Abteilungen über Wasser halten. Sie könne sich auch über Wasser halten, wenn drei von ihren fünf vorderen Abteilungen unter Wasser standen. Sie könne das sogar mit allen vier vorderen Abteilungen unter Wasser. Aber wie immer man es drehe, sie könne nicht weiterschwimmen, wenn alle fünf vorderen Unterteilungen voller Wasser standen.

Das Schott zwischen der fünften und der sechsten Sektion reichte nur bis in Höhe des E-Decks. Wenn die ersten fünf Abteilungen unter Wasser standen, würde der Bug des Schiffes sich langsam senken, und das Wasser aus den fünf vorderen Abteilungen würde in die sechste Abteilung laufen. Wenn diese gefüllt war, würde das Wasser in die siebte steigen und so weiter. Eine mathematische Sicherheit, ebenso einfach wie unabänderlich. Es gab keinen Ausweg.

Und dennoch war es ein Schock. Immerhin galt die TITANIC als unsinkbares Schiff. So stand es nicht nur in den Reisebroschüren. Das berühmte technische Magazin ›Shipbuilder‹ hatte das System der Abteilungen in einer Spezialnummer 1911 wie folgt beschrieben: ›Der Kapitän kann, indem er einen elektrischen Schalter drückt, auf der Stelle alle Schotte des Schiffes wasserdicht schließen und das Schiff dadurch unsinkbar machen.‹

Nun hatte man den Schalter gedrückt, und trotzdem sagte Andrews, es gäbe keine Rettung.

Es war schwer, das zu glauben, besonders für Kapitän Smith. Er war 59 Jahre alt und wollte nach dieser Reise in den Ruhestand treten. Er hätte es schon früher getan, wäre es nicht bei der White Star Line Tradition gewesen, daß er die Schiffe auf ihrer Jungfernfahrt führte. Es war nun sechs Jahre her, seit er die nagelneue ADRIATIC auf ihrer Jungfernfahrt begleitet hatte. Damals bemerkte er: »Ich kann mir keine Situation vorstellen, in der heutzutage ein Schiff sinken könnte. Ich kann mir keine noch so große Katastrophe vorstellen, die diesem Fahrzeug zustoßen könnte und es zum Sinken brächte. Der moderne Schiffsbau hat dergleichen unmöglich gemacht.«

Und nun stand er auf der Brücke eines Schiffes, das zweimal so groß, zweimal so sicher war wie damals, und der Erbauer sagte ihm, es würde sinken.

Fünf Minuten nach Mitternacht, 25 Minuten nach dem Zusammenstoß, befahl Kapitän Smith dem Offizier Wilde, die Rettungsboote seeklar zu machen, dem Ersten Offizier Murdoch, die Passagiere vorzubereiten, dem Sechsten Offizier Moody, die Zuweisung zu den Booten vorzunehmen, und dem Vierten Offizier Boxhall, den Zweiten Offizier Lightoller und den Dritten Offizier Pirman zu wecken. Dann ging er selbst die etwa 18 Meter zum Backbord hinunter und betrat den Funkraum.

Die Funker John George Phillips und Harold Bride wußten noch nicht, was geschehen war. Sie hatten einen harten Tag hinter sich. Im Jahre 1912 steckte das Funken noch in den Kinderschuhen. Die Verbindungen reichten nur über kurze Entfernungen, die Funker hatten keine großen Erfahrungen, und es war schwer, Funksprüche deutlich zu empfangen. Es gab viele Störungen, und oft mußte wiederholt werden – dazu kam eine Fülle frivolsten Privatfunkverkehrs. Die Passagiere waren von diesem neuen Wunderspielzeug fasziniert und konnten nicht widerstehen, Botschaften nach Hause oder auf andere Schiffe zu senden.

Den ganzen Sonntag über hatten sich alle möglichen Mitteilungen angehäuft, genug, um jeden Mann zu entnerven, der für 30 Dollar im Monat 14 Stunden am Tag arbeiten muß. Phillips bildete da keine Ausnahme.

Es war Abend geworden, und der Boden des Postkorbs war immer noch nicht zu sehen, dazu kamen die ständigen Störungen. Vor einer Stunde erst – als er gerade den lang ersehnten Kontakt mit Cape Race aufgenommen hatte – funkte die CALIFORNIAN eine Warnung vor Eisbergen dazwischen. Sie war so nahe, daß ihm fast das Trommelfell platzte. Kein Wunder, daß er zurückbellte: »Maul halten! Ich bin beschäftigt. Ich versuche, Cape Race zu erreichen.«

Der Tag war so hart gewesen, daß Funker Bride sich entschlossen hatte, Phillips um Mitternacht abzulösen, obwohl er erst um zwei Uhr zum Dienst sollte. Er wachte um 23 Uhr 55 auf, schob den grünen Vorhang, der das Schlafquartier vom ›Büro‹ trennte, zur Seite und fragte Phillips, wie die Sache liefe. Phillips sagte ihm, er habe gerade die Funkverbindung nach Cape Race beendet. Bride kroch zurück und zog den Schlafanzug aus. Phillips rief ihm zu, er glaube, das Schiff sei irgendwie zu Schaden gekommen, und sie würden wohl nach Belfast zurückkehren müssen.

Ein paar Minuten später war Bride angezogen und setzte die Kopfhörer auf. Phillips war kaum hinter dem grünen Vorhang verschwunden, als Kapitän Smith den Funkraum betrat.

»Wir sind auf einen Eisberg aufgelaufen, ich habe den Schaden inspiziert. Machen Sie sich bereit, einen Hilferuf zu senden, aber nicht, ehe ich Bescheid gebe.«

Damit war er fort, aber nach einer Minute kehrte er zurück. Er steckte den Kopf nur durch die Tür und rief: »Funken Sie um Hilfe!«

Mittlerweile war Phillips wieder am Gerät. Er fragte den Kapitän, ob er den allgemeinen Hilferuf CQD (come quick, danger!) durchgeben sollte.

»Ja, sofort!« war die Antwort.

Er reichte Phillips einen Zettel mit der genauen Position des Schiffes. Phillips nahm Bride die Kopfhörer ab, und um 0 Uhr 15 begann er, CQD zu morsen*, gefolgt von MGY, dem Kennzeichen der Titanic.

Wieder und wieder sandte er die Botschaft hinaus in die kalte blaue Nacht über dem Atlantik.

Etwa zehn Seemeilen von der Titanic entfernt saß Dritter Offizier Groves von der Californian auf dem Bett des Funkers Cyril F. Evans. Groves war ein alerter junger Mann, immer interessiert daran, was in der Welt um ihn vorging. Nach der Arbeit besuchte er Evans gern im Funkraum, um die neuesten Nachrichten zu hören. Er spielte sogar, wenn er konnte, mit den Geräten.

---

* Das internationale SOS wurde offiziell erst nach der *Titanic*-Katastrophe eingeführt, obwohl sich die Internationale Konvention bereits für die allgemeine Anwendung ausgesprochen hatte.

Evans war das recht. Auf einem drittklassigen Schiff gab es wenig Offiziere, die sich für die Außenwelt zu interessieren schienen, geschweige denn solche, die sich für das Funken interessierten. Eigentlich keiner sonst auf der CALIFORNIAN. Er freute sich über Groves' Anwesenheit.

Nur heute abend nicht. Es war ein harter Tag gewesen, und es war kein anderer Funker da, um ihn abzulösen. Außerdem hatte man ihn um 23 Uhr recht unfreundlich abfahren lassen, als er der TITANIC eine Eisbergwarnung gefunkt hatte. Er verlor keine Zeit, als um 23 Uhr 30 die Zeit für ihn gekommen war, den Funkbetrieb für heute zu beschließen. Todmüde wie er war, hatte er keine Lust, mit irgendwem zu plaudern. Groves versuchte es dennoch.

»Was für Schiffe hast du heute gesprochen, Sparks?«

»Nur die TITANIC.« Evans blickte kaum von seiner Zeitung auf.

Unbeeindruckt nahm Groves die Kopfhörer und setzte sie sich auf. Wenn die Botschaft einfach formuliert wurde, war er schon recht gut. Aber mit den Geräten kannte er sich noch nicht so gut aus. Das Funksystem der CALIFORNIAN hatte ein magnetisches Kontrollgerät, das von einem Uhrwerk getrieben wurde. Groves zog den Detektor nicht auf und hörte deshalb auch nichts.

Er gab auf und legte die Kopfhörer zurück auf den Tisch. Dann ging er auf die Suche nach unterhaltsamerer Gesellschaft. Das war kurz nach o Uhr 15.

3

»Gott selbst könnte dieses Schiff nicht versenken.«

Die Tür zur Kombüse des Kochs knallte gegen die Eisenkoje des Bäckergehilfen Charles Burgess. Er fuhr aus dem Schlaf und starrte verblüfft auf den Zweiten Steward George Dodd, der in der Tür stand. Gewöhnlich war Dodd ein jovialer, lustiger Mann, heute aber sah er ernst aus. Er rief: »Steht auf, Jungs, wir sinken!«

Dodd eilte weiter zu den Kellnerquartieren, wo Barsteward William Moss bereits damit beschäftigt war, die Männer wachzurütteln. Die meisten lachten und scherzten, bis Dodd hereinplatzte und brüllte: »Los, alles aufstehen! Weckt alle auf, keiner darf vergessen werden!«

Er hastete mit Moss weiter in die Stewardquartiere. Vor der Tür zum Rauchsalon hatte Steward Witter soeben die beunruhigende Nachricht von Zimmermann Hutchinson erhalten.

»Der verdammte Postraum steht unter Wasser.«

Moss trat hinzu und bestätigte: »Ja, Jim, es ist ernst.«

Da hörten die Scherze auf, die bei den ersten Warnrufen noch gemacht worden waren, und die Mannschaft krabbelte hastig aus den Kojen. Halb im Schlaf zog Burgess Hosen und Hemd an, keinen Schwimmgürtel. Walter Belford zog seinen weißen Bäckerkittel an, auf die Unterhosen verzichtete er. Steward Ray ließ sich Zeit, Angst hatte er nicht – nichtsdestotrotz entdeckte er, daß er in seine Zivilkleidung schlüpfte. Steward Witter war schon bekleidet, öffnete seine Koffer und füllte seine Taschen mit Zigaretten, steckte das Mützchen seines Erstgeborenen, das er immer bei sich trug, zu sich und schloß sich der Menge an, die hinausströmte, um die Rettungsboote zu erreichen.

Weit weg von dieser Hektik im vorderen Schiffsteil, kletterte Trimmer Samuel Hemming wieder ins Bett. Er war beruhigt, der zischende Ton in der Vorpiek bedeutete nichts Böses.

Er wollte eben in den Schlaf gleiten, als der Schiffsschreiner hereinschaute und rief: »Wenn ich du wäre, würde ich aufstehen! Sie leckt wie ein rostiger Eimer, und der Maschinenraum steht schon voll Wasser.«

Sekunden später erschien der Bootsmann.

»Auf, ihr Burschen! Ihr habt keine halbe Stunde mehr zu leben. Das hat Mr. Andrews gesagt. Haltet den Mund und sagt's niemand.«

Im Rauchsalon erster Klasse hatte wirklich kein Mensch eine Ahnung davon. Das Bridgespiel war wieder in vollem Gange. Leutnant Steffanson schlürfte immer noch seine heiße Limonade, und eine neue Runde Karten wurde verteilt. Plötzlich erschien ein Offizier in der Tür.

»Meine Herren, ziehen Sie Ihre Schwimmwesten an, Gefahr ist im Verzug.«

In ihrer Suite auf dem A-Deck lag Mrs. Washington Dodge im Bett und wartete auf Dr. Dodge, einen Steuerbeamten aus San Francisco, der weggegangen war, um Neuigkeiten zu erkunden. Der Doktor kam herein und sagte so ruhig wie möglich: »Ruth, die Karambolage ist schwerwiegender, als wir dachten. Du ziehst dich am besten sofort an und gehst an Deck.«

Zwei Decks darunter war Mrs. Lucien Smith, nachdem sie lange auf Mr. Smith gewartet hatte, müde, wie sie war, wieder eingeschlafen. Plötzlich ging das Licht an. Sie sah ihren Mann lächelnd vor ihrem Bett stehen. Er erklärte ihr ohne Hast: »Wir sind im Norden, und das Schiff ist auf einen Eisberg aufgelaufen. Das hat nicht viel zu bedeuten, höchstens, daß wir einen Tag später nach New York kommen. Trotzdem hat der Kapitän routinemäßig befohlen, daß die Damen an Deck erscheinen.«

Und so wurde die Sache weiter gehandhabt. Keine Glocke, keine Sirene, kein allgemeiner Alarm. Und doch wurde auf der ganzen Titanic die Nachricht von Mund zu Mund verbreitet.

Der achtjährige Marshall Drew schlief ruhig. Als seine Tante, Mrs. James Drew, ihn weckte und mitteilte, sie wolle an Deck mit ihm, protestierte er schlaftrunken und weigerte sich aufzustehen. Seine Tante kümmerte sich nicht im geringsten um sein Jammern.

Nicht weniger erstaunt war Major Arthur Peuchen trotz seines Touristenausflugs zu den Eisbrocken. Die Mitteilung erreichte ihn auf der breiten Haupttreppe, und er konnte nicht glauben, was er hörte. Völlig entgeistert wankte er in seine Kabine und vertauschte den Abendanzug mit etwas Wärmerem.

Die meisten wurden von ihrem Steward informiert. John Hardy, der Chefsteward der zweiten Klasse, weckte eigenhändig

Stapellauf der TITANIC *am 31. Mai 1911. 23 Tonnen Talg, Öl und Schmierseife halfen ihr um zwölf Uhr mittags, die Schiffsrutsche hinabzugleiten. Der ganze Vorgang dauerte nur 62 Sekunden. Danach trafen sich die Ehrengäste in Belfasts Grand Central Hotel, wo sie* FILET DE BOEUF *zu sich nahmen und zur Feier des Tages einen Chateau Larose 1888 tranken.*

die Passagiere von 24 Kabinen. Jedesmal stieß er die Türen weit auf und brüllte: »Alle Mann an Deck, Schwimmwesten an, sofort!«

In der ersten Klasse wurde erst höflich geklopft. Das waren noch die Zeiten, wo ein Steward auf einem Passagierschiff nur acht oder neun Kabinen zu betreuen hatte, und er seine Passagiere wie eine Glucke ihre Küken bewachte.

Alfred Crawford war ein typischer Steward alter Schule. 31 Jahre seines Lebens hatte er damit verbracht, schwierige Passagiere zu betreuen, und nun traf er genau den Ton, als es galt, den alten Mr. Albert Stewart in eine Schwimmweste zu bugsieren. Dann beugte er sich nieder und band dem alten Herrn die Schuhe zu.

Auf C-89 half Steward Andrew Cunningham William T. Stead in seine Schwimmweste, dabei beklagte sich der große Verleger milde, daß das alles doch wohl der reinste Unfug sei. In B-84 arbeitete Samuel Etches wie ein eifriger Schneider. Er paßte Benjamin Guggenheim seine Schwimmweste an.

»Das wird aber weh tun«, beklagte sich der Minen- und Hochofenkönig. Etches nahm zu guter Letzt den Gürtel noch einmal ganz ab, und nachdem er sorgsam einige Details geändert hatte, zog er sie dem Widerstrebenden erneut an. Nun wollte Guggenheim an Deck, wie er war. Aber Etches zeigte sich unnachgiebig. Nein, es sei viel zu kalt draußen. Endlich gab Guggenheim nach. Etches zog ihm einen dicken Pullover über und schickte ihn so wohlverpackt nach oben.

Andere Passagiere zeigten sich noch viel schwieriger. Auf C-78 fand Etches verschlossene Türen. Als er verzweifelt mit beiden Fäusten trommelte, fragte eine Männerstimme drinnen argwöhnisch: »Was ist los?«

Und eine Frau fügte hinzu: »Sagen Sie uns, was gibt es denn?«

Etches versuchte zu erklären, was geschehen war, und beschwor sie, zu öffnen. Er hatte kein Glück, und nach längerem Bitten ging er eine Tür weiter.

Eine weitere ebenfalls verschlossene Türe schuf ein anderes Problem. Sie ließ sich nicht öffnen und klemmte. Passagiere brachen sie auf und ließen den Eingeschlossenen heraus. In diesem Augenblick erschien der Steward und drohte jedermann, der daran beteiligt war, wegen Zerstörung fremden Eigentums zu verklagen, sobald die Titanic New York erreichte.

Um o Uhr 15 wußte man nicht mehr, ob man scherzen oder ernst bleiben sollte, ob man eine Tür eintreten und ein Held sein sollte, oder ob man eine Tür eintrat und verhaftet werden würde. Man konnte die Reaktion der Menschen nicht mehr voraussehen.

Mrs. Arthur Ryerson versäumte nun keine Zeit mehr. Lange schon hatte sie den Gedanken aufgegeben, Mr. Ryerson schlafen zu lassen. Nun beeilte sie sich, um ihre Familie zusammenzuhalten. Immerhin waren das sechs Leute – ihr Mann, die Kinder, die Gouvernante und die Zofe –, und die Kinder trödelten unbeschreiblich. Endlich verzweifelte sie bei ihrer jüngsten Tochter, warf ihr einfach einen Pelzmantel übers Nachthemd und befahl ihr, so mitzukommen.

Mrs. Lucien Smith dagegen ließ sich Zeit. Langsam und bedächtig zog sie sich für jede Eventualität dieser Nacht an: ein wollenes Kleid, zwei Mäntel, hohe Stiefel, eine warme gestrickte Mütze. Die ganze Zeit über plapperte Mrs. Smith von ihrer Landung in New York und wie sie den Zug nach Süden nehmen würden – von Eisbergen kein Wort.

Als sie losmarschieren wollten, kehrte Mrs. Smith noch einmal um und holte ihre Juwelen. Da aber hatte Mr. Smith denn doch genug. Er schlug vor, sich nicht mit Kleinigkeiten aufzuhalten. Mrs. Smith fand einen Kompromiß und ergriff hastig ihre beiden liebsten Kolliers. Das junge Paar verschloß sorgsam die Tür und machte sich zum Bootsdeck auf.

Dicht hinter ihnen folgte die Gräfin Rothes und ihre Kusine Gladys Cherry. Sie taten sich mit dem Anlegen der Schwimmweste schwer, und ein Herr, der vorbeikam, half ihnen dabei. Um seine Höflichkeit auf die Spitze zu treiben, bot er ihnen dabei Rosinen an.

Anhand dessen, was die Menschen bei sich führten, konnte man erraten, wie ihnen zumute war. Adolf Dyker gab seiner Frau ein kleines Mäppchen in Verwahrung, in dem sich zwei goldene Uhren, zwei Diamantringe, eine Saphirhalskette und zweihundert schwedische Kronen befanden. Miß Edith Russell hatte ihr Aufziehschweinchen bei sich (es spielte die ›Maxixe‹). Steward Collett, ein junger Theologiestudent, der zweiter Klasse reiste, nahm seine Bibel mit. Er hatte seinem Bruder versprochen, sie stets bei sich zu tragen, bis sie sich wieder sähen. Lawrence Beesley stopfte die Bücher, die er gerade im Bett gelesen hatte, in seine Norfolk-Jacke. Norman Campbell Chambers steckte einen Revolver und einen Kompaß ein. Steward Johnson, der sich nun auf weit mehr als ›wieder einen Trip nach Belfast‹ eingestellt hatte, schob Orangen unter die Bluse.

Mrs. Dickinson Bishop hatte Juwelen im Wert von 11 000 Dollar in der Kabine gelassen. Sie schickte ihren Mann noch einmal zurück – um ihren Muff zu holen.

Major Arthur Peuchen besah sich den Zinnkoffer auf seinem Tisch in C-104. Darin befanden sich 200 000 Dollar in Wertpapieren und 100 000 Dollar in Aktien. Er machte sich viele Gedanken darüber, während er seinen Cut auszog und lange Unterwäsche sowie zwei Anzüge anlegte.

Dann sah er sich in der Kabine um – zum letztenmal: ein Bett aus Messing; grüner Maschendraht an der Wand, um nachts

Wertgegenstände zu befestigen; der marmorne Waschtisch, der Korbstuhl; das Roßhaarsofa; der Ventilator an der Decke; die Knöpfe der elektrischen Rufanlage, die auf einem Schiff fast immer deplaziert wirken . . .

Nun hatte er sich entschlossen. Er schlug die Tür zu und ließ den Zinnkoffer auf dem Tisch stehen. In Minutenschnelle war er wieder in der Kabine, steckte seine Glücksanstecknadel und drei Orangen ein. Als er nun wirklich ging, stand der Zinnkoffer immer noch auf dem Tisch.

Auf dem C-Deck nötigte Zahlmeister Herbert McElroy alle Passagiere zur Eile. Als die Gräfin Rothes vorbeikam, rief er: »Schnell, kleine Dame, wir haben nicht mehr viel Zeit. Ich bin froh, daß Sie mich nicht um Ihre Juwelen gebeten haben, wie manche andere Dame.«

Sie strömten in die Halle, sanft vom Personal zur Eile ermahnt. Ein Steward sah Miß Margarethe Fröhlicher den Gang entlangkommen. Vor vier Tagen hatte sie ihn scherzend ausgelacht, als er eine Schwimmweste in ihre Suite brachte, ›wo doch das Schiff unsinkbar war‹.

Damals hatte er gelacht und ihr versichert, es handle sich nur um eine Formalität, sie würde sie nie anzulegen brauchen. Er erinnerte sich nun an den Wortwechsel von damals und sagte beruhigend: »Keine Angst, alles geht gut.«

»Ich hab' keine Angst«, versicherte sie. »Ich bin nur etwas seekrank.«

Die Treppen hinauf schob sich die Herde – seltsam bekleidete Menschen, alles durcheinander. Unter seinem Mantel trug Jack Thayer einen grünlichen Tweedanzug mit Weste, darunter eine zweite Weste aus Mohair. Robert Daniel, der Bankier aus Philadelphia, trug nur einen wollenen Pyjama. Mrs. Turrell Cavendish hatte ein Tuch umgebunden, dazu Mr. Cavendishs Mantel. Mrs. John C. Hogeboom trug einen Pelz über dem Nachthemd, Mrs. Ada Clark nur ein Nachthemd. Mrs. Washington Dodge hatte sich nicht die Mühe gemacht, Strümpfe unter ihre hochgeknöpften Stiefel zu ziehen, die bei jedem Schritt schleppten, weil die oberen Knöpfe offenstanden. Mrs. Astor, wie dem Modejournal entstiegen, trug ein leichtes elegantes Kleid. Mrs. James J. Brown – eine farbenfrohe Millionärin aus Denver – war ebenso stilgerecht in ein schwarzes Samtkostüm mit weißen Aufschlägen gekleidet.

Damals im Jahr 1912 war das Autofahren gerade in Mode

gekommen, und die dazu entworfene Sportkleidung beeinflußte bereits die Garderoben vieler Damen.

Mrs. C. E. Henry Stengel trug einen Schleier, den sie um ihren großen Blumenhut gebunden hatte. Madame de Villiers trug einen langen wollenen Automantel über Nachthemd und Hausschuhen.

Alfred von Drachstedt, ein zwanzigjähriger junger Mann aus Köln, hatte sich für einen Pullover und ein paar Hosen entschieden. Seine 2133 Dollar teure neue Garderobe, die Spazierstöcke und Füllfederhalter ließ er zurück; irgendwie kam er sich als etwas Besonderes vor.

Die zweite Klasse war dagegen weniger elegant gekleidet. Mr. und Mrs. Albert Caldwell, die aus Siam zurückkehrten, wo sie im Christian College in Bangkok unterrichteten, hatten sich zuvor in London vollkommen neu eingekleidet. Heute aber trugen sie die ältesten Klamotten, die sie besaßen. Ihr Baby Alden hatten sie in eine Decke gewickelt. Miß Elizabeth Nye trug einen ein-

fachen Rock, Mantel und Slipper. Mrs. Charlotte Collyer hatte sich nicht die Mühe gemacht, ihr Haar aufzustecken; sie hatte es mit einem Band zurückgebunden. Ihre achtjährige Tochter Marjory trug einen Bettvorleger um die Schultern. Mr. Collyer hatte sich nicht viel angezogen. Er glaubte, er werde bald wieder zu Bett gehen, und ließ sogar seine Uhr auf dem Kissen zurück.

Die dritte Klasse war ein riesiges Durcheinander, denn damals pflegte die White Star Line die unverheirateten Männer weit entfernt von den unverheirateten Frauen an den entgegengesetzten Enden des Schiffes unterzubringen. Nun suchten viele Männer, die im Vorderschiff geschlafen hatten, ihre Mädchen auf dem Hinterschiff.

Katherine Gilnagh, eine Schülerin von knapp sechzehn Jahren, hörte ein Klopfen an der Tür. Es war der junge Mann, der ihr am Nachmittag aufgefallen war, als er auf dem Deck Dudelsack spielte. Er sagte, sie solle rasch aufstehen, etwas sei am Schiff nicht in Ordnung. Anna Sjoblom, eine achtzehnjährige Finnin,

Belfast, Ende 1911. Die beiden großen Schwestern Seite an Seite. Die Titanic *(links) wird noch immer im Inneren ausgestattet. Die* Olympic *hingegen war zur Reparatur nach Belfast zurückgekehrt, wahrscheinlich, um den Schaden, den sie bei dem Zusammenstoß mit dem britischen Kreuzer* Hawke *genommen hatte, zu beheben.*

49

die nach Pacific Northwest unterwegs war, erwachte, als ein junger Däne in die Kajüte kam, um ihre Zimmerkollegin zu wecken. Er gab auch Anna eine Schwimmweste und beschwor sie mitzukommen. Aber sie war so seekrank, daß ihr alles egal war. Später lockte sie die Aufregung draußen doch noch an Deck; sie fühlte sich sterbenselend. Dort half ihr Alfred Wicklund, ein Schulfreund aus Finnland, hastig in eine Schwimmweste.

Einer dieser jungen Leute, Olaus Abelseth, hatte große Sorgen. Er war ein 26jähriger Norweger, der nach Hause, nach South Dakota, unterwegs war. Ein alter Freund der Familie hatte ihm seine sechzehnjährige Tochter bis Minneapolis anvertraut. Abelseth drängte sich den langen Gang des E-Decks entlang.

Er fand das Mädchen auf dem Hauptgang des Zwischendecks auf dem E-Deck. Erleichtert stieg er mit seinem Schwager, einem Cousin und einem anderen Mädchen die breite Treppe der dritten Klasse zum Hüttendeck im Heck des Schiffes empor.

Die Nacht war bitterkalt, und die Menge wimmelte durcheinander. Jede Klasse hielt sich automatisch an das eigene Deck – die erste Klasse im Mittelschiff, die zweite Klasse etwas achtern, die dritte im Heck oder am Bug. Alle warteten schweigend auf die nächsten Anweisungen, immer noch hoffnungsvoll, doch schon leicht beunruhigt. Mit halbherzigen Scherzen begutachtete man sich gegenseitig in den Schwimmwesten. Aber rechte Heiterkeit wollte nicht aufkommen.

»Na«, sagte Clinch Smith, als ein Mädchen einen kleinen Pommerschen Schnauzer vorbeitrug, »ich glaube, wir sollten dem Hündchen auch einen Schwimmgürtel anziehen.«

»Probieren Sie mal das«, sagte ein Mann zu Mrs. Vera Dick, als er ihr eine Schwimmweste anzog. »Die sind der letzte Schrei der Saison, jeder trägt so was heute.«

»Wenn Sie die nicht benutzen müssen, halten sie wenigstens warm«, sagte Kapitän Smith fröhlich zu Mrs. Alexander T. Compton aus New Orleans.

Etwa gegen o Uhr 30 traf Colonel Gracie mit Fred Wright, dem Squash-Profi der TITANIC zusammen. Es fiel ihm ein, daß sie den Platz für den nächsten Morgen um 7 Uhr 30 bestellt hatten. Er versuchte zu scherzen: »Sollten wir nicht besser unser Spiel morgen streichen?«

»Ja«, erwiderte Wright. Seine Stimme klang flach und ohne Enthusiasmus. Ein Wunder, daß er überhaupt auf den Scherz

2. April 1912. Die vollends fertiggestellte Titanic *verläßt Belfast auf ihrer Probefahrt. Sie liegt ungewöhnlich hoch im Wasser, da sie weder Passagiere noch Ladung oder Kohle an Bord hat. Sie wirkt massiger denn je, meistert die Probefahrt und setzt ihren Weg nach Southampton fort. Am Mittwoch, dem 10. April, läuft sie mittags zu ihrer Jungfernfahrt nach New York aus.*

einging. Er wußte nämlich, daß das Wasser bereits bis zur Decke der Squash-Plätze reichte.

Fünfter Offizier Harold Godfrey Lowe kam erstaunlich spät an Deck. Er war ein junger temperamentvoller Waliser und schwer im Zaum zu halten. Als er vierzehn war, hatte sein Vater versucht, ihn bei einem Liverpooler Geschäftsmann in die Lehre zu schicken, aber Lowe erklärte, er würde »um nichts in der Welt für einen Menschen arbeiten«, und so riß er aus, fuhr zur See und führte ein Leben nach seinen Wünschen: Schoner – Handelsmarine – fünfjährige Dampfschiffahrt an der westafrikanischen Küste.

Heute, 28 Jahre alt, machte er seine erste Reise über den Atlantik. Sonntag nacht hatte er frei, und den Zusammenstoß hatte er verschlafen. Endlich weckten ihn die Stimmen auf dem

Bootsdeck vor seiner Kabine. Als er aus dem Bullauge schaute, sah er jedermann mit Schwimmwesten bekleidet auf Deck. Er schoß aus dem Bett und in seine Kleider und rannte auf Deck, um zu helfen. Kein verfrühter Start, mag sein, aber Lowe erklärte später US-Senator Shmith: »Sie müssen bedenken, daß wir nicht gerade viel Schlaf kriegen und deshalb dann wie die Toten schlafen.«

Zweiter Offizier Charles Herbert Lightoller kam auch zu spät, freilich aus ganz anderen Gründen. Wie Lowe hatte auch er in dieser Nacht frei und lag im Bett, als die TITANIC auffuhr, aber er erwachte sofort und rannte barfuß aufs Bootsdeck hinaus, um zu sehen, was es gäbe. Nichts war auf beiden Seiten des Schiffes zu erkennen, nur der Steuerbordteil der Brücke – dort erkannte er undeutlich Kapitän Smith und Ersten Offizier Murdoch. Auch sie starrten hinaus in die Nacht.

Als die TITANIC *sich flußabwärts in Bewegung setzte, riß der Sog ihrer Schrauben den kleineren amerikanischen Dampfer* NEW YORK *von seiner Verankerung los und das Heck der* NEW YORK *drehte sich der* TITANIC *zu. Das große Schiff stoppte seine Maschinen gerade noch und die Schlepper zogen die* NEW YORK *aus der Gefahrenzone.*
Der Zwischenfall erinnert an den Zusammenstoß der OLYMPIC *und der* HAWKE. *Manchen schien dies eine Warnung zu sein.*

Lightoller kehrte in seine Kabine zurück und dachte, die Sache wäre erledigt. Irgend etwas war mit dem Schiff zweifellos nicht in Ordnung – erst der Schlag, dann das Schweigen der Maschinen. Aber hatte er nicht *dienstfrei?* Solange man ihn nicht rief, hatte er mit der Geschichte nichts zu tun. Wenn man ihn brauchte, würde man nach ihm schicken. Wenn das der Fall war, würde man ihn hier suchen. Lightoller stieg ins Bett und lag wach – und wartete . . .

Fünf, fünfzehn, dreißig Minuten verstrichen. Er hörte nun das Röhren der Schornsteine, die Dampf abließen, hörte das Stimmengewirr, das Klappern von Geräten. Und doch, seine Pflicht war es, hier zu bleiben, wo man ihn finden konnte.

Um Mitternacht endlich platzte Vierter Offizier Boxhall in die Kabine.

»Wissen Sie, daß wir mit einem Eisberg zusammengestoßen sind?«

»Ich wußte, wir sind mit etwas zusammengestoßen«, erwiderte Lightoller und begann, sich anzuziehen.

»Das Wasser steht bis zum Postbüro auf dem F-Deck«, fuhr Boxhall fort, um Lightoller anzutreiben, aber das war nicht nötig, er war schon fertig. Lightoller war kühl, gewissenhaft und bedachtsam, und er kannte seine Pflichten genau, ein perfekter Zweiter Offizier.

Auf dem Bootsdeck begannen die Männer, die sechzehn Rettungsboote an den Davits freizumachen, acht auf jeder Seite – vier eng zusammen am Bug, dann eine Lücke, die etwa 58 Meter breit war und wiederum vier am Heck. Die Backbordboote waren mit geraden Zahlen numeriert, die an Steuerbord mit ungeraden. Dazu kamen die vier Leinwandboote, die zusammengelegt worden waren – man nannte sie Engelhardts – und auf Deck lagerten. Sie konnten mit den Davits abgelassen werden, wenn man die beiden vorderen Boote gefiert hatte. Die zusammenlegbaren Boote waren mit den Buchstaben A, B, C und D bezeichnet.

Alle Boote zusammen konnten insgesamt 1178 Menschen fassen. An Bord der TITANIC befanden sich jedoch 2207 Menschen.

Diese Diskrepanz war keinem der Passagiere und nur wenigen Besatzungsmitgliedern bekannt; die meisten hatten sich darum sowieso nicht gekümmert, denn die TITANIC war unsinkbar, das wußte jeder. Als Mrs. Albert Caldwell auf Deck den Gepäckträgern beim Verstauen des Gepäcks in Southampton zusah, fragte sie einen der Männer: »Ist das Schiff wirklich unversenkbar?«

»Ja, meine Dame«, kam die Antwort. »Nicht mal der liebe Gott könnte das Schiff versenken.«

Da standen sie nun alle ganz ruhig auf dem Bootsdeck, die Passagiere, immer noch ohne Angst, aber doch verwirrt. Man hatte mit ihnen nicht geübt, wie sie sich im Fall der Gefahr verhalten sollten. Keiner der Passagiere hatte eine Bootszuweisung. Die Mannschaft besaß eine Liste, aber niemand kümmerte sich darum. Die Besatzung verhielt sich gefühlsmäßig richtig, sie half, wo Hilfe nötig war – immer zur Stelle. Die Jahre der Disziplinierung machten sich jetzt bezahlt.

Kleine Gruppen von Männern verteilten sich auf die Rettungsboote, entfernten die Leinwandhüllen, nahmen den Mast und anderes entbehrliches Zubehör ab und verstauten Lampen und Dosen mit Zwieback auf den Booten. Andere Männer standen an den Davits, fügten die Haken ein und schossen die Leinen auf. Die Winden drehten sich eine nach der anderen. Die Kräne quietschten, die Taljen wimmerten, und langsam löste sich das Boot vom Schiffsrumpf. Man fierte das Seil und brachte das Boot auf dieselbe Ebene wie das Bootsdeck oder – bei einigen – des darunterliegenden A-Decks.

Doch all das brauchte seine Zeit. Zweiter Offizier Lightoller, der die Bugseite befehligte, war ein Mann, der an Schnelligkeit und Entschlossenheit glaubte, aber Chefoffizier Wilde war eher ein Zauderer. Als Lightoller um die Erlaubnis bat, die Boote auszuschwenken, sagte Wilde: »Nein, warten Sie!«

Lightoller ging am Ende zur Brücke und holte sich den Befehl von Kapitän Smith persönlich. Nun fragte Lightoller, ob er die Boote besetzen könne. Wieder verneinte Wilde, wieder lief Lightoller zur Brücke, wieder nickte Kapitän Smith und sagte: »Ja, Frauen und Kinder in die Boote – zu Wasser lassen.«

Lightoller senkte Boot 4 auf die Höhe des A-Decks und befahl, Frauen und Kinder dort einzuladen. Es schien sicherer so, und es bestand weniger Möglichkeit für die Boote zu kippen, auch war der Abstand zum Wasser geringer, und gleichzeitig entleerte sich das Bootsdeck für die schwierigen Aufgaben, die noch anfallen sollten.

Zu spät fiel ihm ein, daß das Promenadendeck an dieser Stelle geschlossen und daß die Fenster verschlossen waren. Man schickte eilends jemanden, um die Fenster zu öffnen. Hastig rief er alles zurück und ging achtern zu Boot Nummer 6.

Einen Fuß auf Deck, den andern auf Boot 6, rief er die Frauen und Kinder herbei. Die Reaktion war keineswegs enthusiastisch. Wer hatte Lust, das erhellte Deck der TITANIC mit ein paar Stunden im Finstern auf einem Ruderboot zu vertauschen?

Selbst John Astor machte sich über das Ansinnen lustig. »Hier sind wir sicherer als in dem kleinen Boot.«

Als Mrs. J. Stuart White in Boot 8 stieg, scherzte ein Freund: »Wenn du zurückkommst, brauchst du 'nen Paß. Morgen darfst du ohne Paß nicht mehr an Bord!«

Als Mrs. Constance Willard rundheraus ablehnte, ins Boot zu steigen, zuckte ein erschöpfter Offizier mit den Schultern.

»Lassen Sie uns keine Zeit verschwenden, wenn sie nicht will, soll sie dableiben.«

Aber es gab auch Musik, um die Gemüter zu beruhigen. Bandleader Wallace Henry Hartley hatte seine Musiker um sich geschart. Die Band spielte Ragtime.

Sie hatte in der Halle der ersten Klasse Aufstellung genommen, wo viele Passagiere warteten, ehe der Ruf: »In die Boote!« erschallte. Später nahm sie auf dem Bootsdeck Aufstellung, am Fuße der großen Treppe, und spielte, was das Zeug hergab. Sie waren nicht für einen großen Auftritt gekleidet, einige trugen blaue Uniformen, andere weiße Jacken – aber ihre Musik war fabelhaft.

Man hatte alles getan, damit die TITANIC die beste Ragtime-Band auf dem Atlantik bekam. Die White Star Line ging soweit, den Frachter MAURETANIA nach Bandleader Hartley durchsuchen zu lassen. Pianist Theodore Brailey und Cellist Roger Bricoux hatte man ohne große Schwierigkeiten der CARPATHIA abgeworben.

›Jawohl, Steward‹, hatte sie damals freudestrahlend zu Robert Vaughan gesagt, der sie auf dem kleinen Schiff bediente, ›bald sind wir auf einem richtigen Schiff und kriegen ein prima Essen.‹

Der Bassist Fred Clark war noch nie zur See gefahren, aber in den schottischen Musikreisen hatte er bereits einen guten Namen. Auch ihn kaufte man ein. Der erste Geiger Jock Hume war noch nie in Konzerten aufgetreten, aber seine Fiedel hatte einen lustigen Ton, den die Passagiere liebten. Und so kamen sie auf der TITANIC zusammen: acht gute Musiker, die ihr Handwerk verstanden. An diesem Abend gab es schmissige Rhythmen, und die Musik klang laut und fröhlich.

Auf der Steuerbordseite ging das Abfieren der Boote etwas flotter vonstatten, für Präsident Ismay aber immer noch nicht schnell genug. Er rannte auf und ab und trieb die Männer zur Eile an.

»Wir haben keine Zeit zu verlieren!« beschwor er den Dritten Offizier Pitman, der eben dabei war, Boot 5 zu Wasser zu lassen. Pitman schüttelte ihn ab. Er kannte Ismay nicht und wußte nicht, was der Herr in Hausschuhen eigentlich von ihm wollte. Ismay drängte ihn, das Boot mit Frauen und Kindern zu beladen – das ging Pitman zu weit.

»Ich warte auf die Befehle meines Vorgesetzten«, teilte er mit.

Plötzlich dämmerte ihm, wer der Fremde sein konnte. Er stieg aufs Deck hinunter und fragte Kapitän Smith. Sollte er tun, was Ismay ihm befahl?

Smith anwortete kurz: »Machen Sie das!«

So kehrte Pitman zu Boot 5 zurück, sprang hinein und rief: »Kommen Sie, meine Damen!«

Mrs. Catherine Crosby und ihre Tochter Harriet wurden von Mr. Crosbys kräftiger Hand ins Boot gestoßen. Kapitän Edward Gifford Crosby war ein Seemann aus Milwaukee und ein alter Kenner der Schiffahrt auf den großen Meeren. Kapitän Crosby hatte einen sechsten Sinn für Dinge dieser Art. Kurz nach dem Aufprall wurde er ungeduldig und herrschte seine Frau an: »Willst du liegen bleiben und ertrinken?«

Später sagte er: »Das Schiff hat es böse erwischt, aber ich denke, die wasserdichten Abteilungen werden sie über Wasser halten.«

Aber nun wollte er kein Risiko mehr eingehen.

Langsam schoben sich andere heran: Miß Helen Ostby, Mrs. F. M. Warren, Mrs. Washington Dodge und ihr fünfjähriger Sohn, eine junge Stewardeß. Als keine Frauen mehr einsteigen wollten, ließ man Ehepaare zusteigen, dann ein paar alleinstehende Männer. Auf der Steuerbordseite wurde die Sache bis zum Schluß dergestalt gehandhabt: Frauen zuerst, wenn dann noch Platz war, Männer.

Erster Offizier Murdoch hatte Schwierigkeiten, Boot 7 zu füllen. Endlich sprang Filmstar Dorothy Gibson ins Boot, gefolgt von ihrer Mutter. Die beiden Damen überredeten nun ihre Bridgepartner vom Vorabend, mit einzusteigen. William Sloper und Fred Seward gesellten sich zu den Damen. Andere Menschen schoben sich zögernd nach. Endlich waren neunzehn bis zwanzig im Boot. Murdoch glaubte, nicht länger warten zu können. Um o Uhr 45 winkte er, das erste Boot, Nummer 7, zu wassern.

Er übergab Pitman den Befehl für Boot Nummer 5, befahl ihm, auf dem Gang achtern zu bleiben, gab ihm die Hand, lächelte und sagte: »Auf Wiedersehen, viel Glück!«

Als Nummer 5 zu Wasser gelassen wurde, verlor Bruce Ismay die Nerven.

»Ablassen! Ablassen! Ablassen! Ablassen!« sang er und beschrieb, während er sich am Davit hielt, Kreise mit dem Arm.

»Verdammt noch mal, gehn Sie doch aus dem Weg!« explodierte da Fünfter Offizier Lowe, der den Davit bediente. »Wollen Sie, daß ich so schnell ablasse? Soll ich sie alle ersäufen?«

Ismay war völlig verblüfft, und ohne ein Wort ging er weiter zu Boot 3.

Die alten Hasen der Besatzung rangen nach Luft. Für sie war Lowes Wutausbruch das dramatischste, was heute nacht passieren konnte. Ein Fünfter Offizier durfte doch nicht ungestraft den Präsidenten der Schiffahrtslinie beleidigen. Davon würde noch die Rede sein, wenn sie nach New York kämen.

Und fast jeder glaubte noch, nach New York zu kommen. Im schlimmsten Fall mit einem anderen Schiff.

»Peuchen«, sagte Charles M. Hays, als der Major bei den Booten half«, »dies Schiff wird sich noch acht Stunden über Wasser halten, das weiß ich von dem besten alten Seefahrer, Mr. Crosby aus Milwaukee!«

Monsieur Gatti, Maître des französischen Restaurants à la carte, verlor ebenfalls die Ruhe nicht. Allein stand er auf dem Bootsdeck, das Abbild der Würde – den Zylinder fest in die Stirn gedrückt, unterm Arm eine säuberlich gefaltete Reisedecke.

Mrs. und Mr. Lucien Smith und Mr. und Mrs. Sleeper Harper saßen ruhig plaudernd im Turnsaal neben dem Bootsdeck. Das mechanische Pferd hatte keinen Reiter mehr – die Astors mußten wohl irgendwo anders beschäftigt sein. Zum erstenmal betätigte niemand die feststehenden Fahrräder, welche die Passagiere so gern benutzten, um zu sehen, wie die knallroten und blauen Zeiger in der weißen Uhr kreisten. Aber der Raum mit seinem gleißenden Linoleumboden und den gemütlichen Korbstühlen war so viel angenehmer als das Bootsdeck. Selbstverständlich auch wärmer – und man hatte ja Zeit.

In dem fast leeren Rauchsalon auf dem A-Deck saßen vier Männer ruhig am Tisch: Archie Butt, Clarence Moore, Frank Millet und Arthur Ryerson. Sie versuchten gezielt, der lärmenden Unrast auf dem Bootsdeck zu entgehen.

Weit unten im Schiffsbaum schaltete Schmierer Thomas Ranger an die 45 elektrische Ventilatoren im Maschinenraum aus und merkte sich im Kopf, welche er morgen reparieren würde. Der Elektriker Alfred White, der die Dynamos bediente, braute Kaffee auf seinem Posten.

Im Heck der TITANIC marschierte Georg Thomas Rowe, der

Der gerade noch verhinderte Zusammenstoß mit der New York verursachte eine leichte Verspätung, deshalb stoppte die Titanic nur
kurz um 19 Uhr in Cherbourg, um weitere Passagiere und die Post
an Bord zu nehmen.
Obwohl dieses Foto stark retuschiert ist, vermittelt es doch einen
Eindruck davon, wie das Schiff aus der Sicht der Passagiere wirkte,
die mit einem kleinen Boot an Bord gebracht wurden.

Die Titanic setzte ihre Reise fort und erreichte am 11. April gegen
12 Uhr Queenstown, ihre letzte Station vor der Atlantiküberquerung.

Steuermann, immer noch auf seiner einsamen Wache. Er hatte niemanden gesehen und nichts gehört, seit vor fast einer Stunde der Eisberg vorbeigeglitten war. Plötzlich bemerkte er verwundert ein Rettungsboot, das auf der Steuerbordseite im Wasser trieb. Er rief die Brücke an, ob sie wüßten, daß dort ein Boot triebe? Eine ungläubige Stimme fragte ihn, wer er sei. Rowe erklärte es ihnen, und da mußte die Brücke sich eingestehen, daß er übersehen worden war. Man ließ ihn sofort zur Brücke kommen und bat ihn, ein paar Raketen mitzubringen. Rowe hastete zum Schrank auf dem Deck unter ihm und nahm eine Blechbüchse mit zwölf Raketen an sich. Er stürzte fort — der letzte Mann an Bord, der erfuhr, was passiert war.

Das konnte man von manchen anderen nicht behaupten. Der alte Dr. O'Loughlin flüsterte mit der Stewardeß Mary Sloan. »Kind, die Dinge stehen schlecht.«

Stewardeß Annie Robinson stand gerade neben dem Postbüro und schaute zu, wie das Wasser auf dem F-Deck stieg. Sie sah die Gladstone-Tasche eines Mannes verlassen auf dem Korridor liegen und fragte sich eben, was hier vorgefallen sei, als Zimmermann Hutchinson mit einem Tau in der Hand auftauchte. Er sah verwirrt aus, ja völlig durcheinander. Später stieß Miß Robinson auf dem A-Deck mit Thomas Andrews zusammen. Andrews begrüßte sie wie ein ärgerlicher Vater: »Ich dachte, ich hätte Ihnen befohlen, eine Schwimmweste anzulegen!«

»Ja«, erwiderte sie, »aber ich fand es eigentlich gemein, so was anzuziehen.«

»Kümmern Sie sich nicht darum. Ziehen sie die Weste an. Gehen Sie damit herum. Zeigen Sie sich den Passagieren.«

»Aber es sieht gemein aus!«

»Nicht doch! Ziehen Sie an, wenn Ihnen Ihr Leben lieb ist.«

Andrews verstand die Leute nur zu gut. Er war ein charmanter, dynamischer Mann, und er war überall und half, wo er konnte. Die Leute hörten auf ihn. Er behandelte jeden so, wie er glaubte, auf ihn eingehen zu müssen. Dem jammernden Steward Johnson sagte er, daß alles gut ablaufen würde. Mr. und Mrs. Albert Dick, die er von einem gemeinsamen Dinner her kannte, erklärte er: »Sie ist unten aufgerissen, aber sie sinkt nicht, wenn die rückwärtigen Schotte halten.«

Der Stewardeß Sloan sagte er: »Es ist ziemlich ernst. Aber behalten Sie das für sich, sonst gibt's 'ne Panik.«

John B. Thayer, dem er zutiefst vertraute, gestand er, daß er dem Schiff ›nicht viel mehr als eine Stunde zu leben‹ gäbe.

Ein paar Mitgliedern der Besatzung brauchte man nicht mitzuteilen, was die Stunde geschlagen hatte. Etwa um o Uhr 45 wollte der Matrose John Poingdestre seine Gummistiefel holen. Er ging vom Bootsdeck hinunter zum E-Deck und fand sie dort auf dem Vorschiff. Als er sie eben anzog, brach die Holzwand zwischen seiner Kabine und den Steuerbordräumen der dritten Klasse, und Wasser stürzte herein. Er kämpfte sich bis zu den Hüften im Wasser zur Tür.

Weiter achtern stieg Speisesaalsteward Ray in sein Quartier auf dem E-Deck, um einen wärmeren Mantel zu holen. Auf dem Rückweg benutzte er die ›Scotland Road‹ zum nächsten Treppenhaus. Die schiebenden, rempelnden Heizer und Passagiere der dritten Klasse waren nun verschwunden, nur Wasser leckte den Korridor entlang und stieg beständig.

Noch weiter achtern wollte der Zweite Assistenzsteward Joseph Thomas Wheat noch einmal zurück in seine Kabine, um einige Wertgegenstände zu holen. Sein Quartier lag im F-Deck auf der Bugseite und befand sich direkt neben dem Türkischen Bad. Dieses Bad war eine verschwenderisch ausgestattete Zimmerflucht, ein Bindeglied zwischen viktorianischer Raumgestaltung und der Rudolph-Valentino-Ära des luxuriösesten Innendekors. Mosaikböden, Wände mit blauen und grünen Kacheln, die pompejanisch rot ausgemalte Decke mit goldenen Strahlen durchzogen, Perlmutter-Einlegearbeiten in geschnitztem Teak – und alles noch völlig trocken.

Als aber Wheat ein paar Meter weiterwanderte und sich anschickte, die Treppen hinaufzusteigen, sah er etwas Merkwürdiges: ein dünnes Rinnsal floß vom E-Deck über die Treppe *herunter*. Als er die Treppe emporstieg und das E-Deck erreichte, sah er, daß es von der Steuerbordseite vor ihm kam.

Er erriet, was geschehen war: Das Wasser im Vorderschiff war auf das F-Deck gestiegen, weil die Schotte der wasserdichten Sektionen seinen Weg blockierten, darauf war es bis zum E-Deck gestiegen, und da es dort keine Türen gab, schwappte es in die nächste Abteilung achtern.

Kesselraum Nummer 5 schien der einzige Raum zu sein, in dem noch alles unter Kontrolle stand. Nachdem die Kessel gelöscht waren, hatte der Chefheizer Barrett die meisten Heizer

THE SPHERE

AN ILLUSTRATED NEWSPAPER FOR THE HOME

With which is incorporated
"BLACK & WHITE"

Volume XLIX. No. 640. | REGISTERED AT THE GENERAL POST OFFICE AS A NEWSPAPER | London, April 27, 1912. | [WITH SUPPLEMENT] | Price Sixpence.

THE MODERN
MESSENGER OF DEATH:

A typical bearer of the fateful
tidings concerning the "Titanic"

aufs Bootsdeck geschickt. Er selbst und ein paar andere blieben zurück, um den Ingenieuren Harvey und Shepherd mit der Pumpe zu helfen.

Auf Harveys Befehl hob er die eiserne Einstiegluke aus den Bodenplatten auf der Steuerbordseite, damit Harvey die Ventile der Pumpen einstellen konnte.

Der Kesselraum war voller Dampf, den das Löschen der Feuer verursacht hatte. Im trüben Licht der Dampfwolken werkelten die Männer wie in ihrem eigenen Türkischen Bad, vage Schattenfiguren im Nebel.

Shepherd stürzte in die Einstiegsluke und brach sich ein Bein. Harvey, Barrett und Heizer George Kemish eilten zu ihm, hoben ihn auf und trugen ihn in den Pumpenraum am Ende des Kesselraumes.

Es war keine Zeit, um mehr für ihn zu tun, als ihn erträglich zu betten, dann ging es zurück in die Dampfschwaden. Bald kam Befehl von der Brücke: Alle Mann auf das Bootsdeck! Die Männer gingen, Shepherd lag noch im Pumpenraum, und Barrett und Harvey arbeiteten an den Ventilen. Fünfzehn Minuten vergingen, und die beiden Männer freuten sich: Der Raum lag noch immer trocken, und der Rhythmus der Pumpen war gleichmäßig und stark.

Ganz plötzlich brach die See über sie herein. Wasser sprudelte wild zwischen den Kesseln am vorderen Teil des Raumes hervor. Das Schott zwischen Nummer 5 und Nummer 6 brach.

Harvey rief Barrett zu, die Leiter zu greifen. Barrett kletterte hinauf, so schnell er konnte. Schaum schlug um seine Füße. Harvey wandte sich zum Pumpenraum, wo Shepherd lag. Noch auf dem Weg dorthin riß ihn das strudelnde Wasser fort.

Die Stille im Funkraum wurde nur von dem kratzenden Laut des Funkgerätes unterbrochen. Phillips morste Notrufe und schrieb die Antworten, die eintrafen, nieder. Bride zog sich an und rannte immer wieder zwischen Brücke und Funkraum hin und her.

Bis jetzt waren die eingelaufenen Botschaften ermutigend. Als erstes reagierte der Norddeutsche-Lloyd-Dampfer FRANKFURT. Um o Uhr 18 schickte sie ein kurzes ›OK ... standby‹, aber keine Position. Eine Minute später hagelte es Empfangsbestätigungen: McTEMPLE von der Canadian Pacific, VIRGINIA von der Allan Line, das russische Trampschiff BIRMA.

Die Nacht war erfüllt von Signalen. Schiffe, die außerhalb des Empfangsbereichs lagen, erhielten Nachricht von denen, die den Funkspruch erhalten hatten. Die Neuigkeit zog immer weitere Kreise. Cape Race gab die Botschaft an das Festland weiter. Auf dem Dach des Wanamaker-Kaufhauses fing ein junger Amateurfunker namens David Sarnoff den Spruch auf und gab ihn weiter. Die ganze Welt hielt vor Schrecken den Atem an.

Unweit des Havaristen dampfte die CARPATHIA ohne die geringste Ahnung, was passierte, gen Süden. Der einzige Funker an Bord, Harold Thomas Cottam, befand sich, als Phillips sein CQD schickte, auf der Brücke. Nun aber saß er wieder am Funkgerät und gedachte, hilfreich zu sein. Ob die TITANIC wisse, fragte er nebenbei, daß in Cape Race einige private Botschaften für sie bereit gehalten würden?

Cottam begriff erst um 0 Uhr 25, als Phillips, ohne auf die höfliche Geste der CARPATHIA einzugehen, zurückfunkte: »Sofort kommen. Wir sind auf einen Eisberg aufgelaufen. CQD, mein Alter. Position 41.46. N 50.14. W.« Jetzt begriff Cottam.

Kurzes entsetztes Schweigen. Dann fragte Cottam, ob er seinem Käpitän Meldung machen solle.

»Ja, aber schnell.«

Nach fünf Minuten die willkommene Botschaft: Die CARPATHIA war nur 58 Seemeilen entfernt und kam Volle Kraft voraus.

Um 0 Uhr 34 war es wieder die FRANKFURT, 150 Seemeilen entfernt.

Phillips fragte: »Kommt ihr uns zu Hilfe?«

FRANKFURT: »Was ist los mit euch?«

Phillips: »Sag' deinem Kapitän, er soll uns zu Hilfe kommen, wir sind auf einen Eisberg aufgelaufen.«

Kapitän Smith trat in den Funkraum, um aus erster Hand die Lage zu erfahren. Soeben meldete sich die OLYMPIC, das Schwesterschiff der TITANIC. Sie war 500 Seemeilen entfernt, hatte aber starke Motoren, war groß und konnte eine Rettungsaktion perfekt bewältigen. Außerdem waren sich die Schiffe derselben Linie eng verbunden. Phillips hielt engen Kontakt, drängte aber weiterhin die nähergelegenen Schiffe herbeizukommen.

»Was funken Sie denn da?« fragte Smith.

»CQD«, antwortete Phillips unbeteiligt.

Bride hatte eine gute Idee. CQD war bisher der offizielle Hilferuf gewesen, aber vor kurzem hatte sich die Internationale Konvention für den Ruf SOS entschlossen, weil selbst ein ungeübter Amateurfunker diese Buchstaben leichter empfangen konnte. Deshalb schlug Bride vor: »Funke SOS. Das ist das neue Zeichen, vielleicht ist es deine letzte Chance, zu funken.«

Phillips lachte über den Scherz und machte sich daran. Die Uhr im Funkraum zeigte auf 0 Uhr 45, als die TITANIC als erstes Schiff SOS über den Atlantik funkte.

Aber keines der mit Funk erreichbaren Schiffe schien so nah zu sein wie die vielversprechenden Lichter, die etwa zehn Meilen vor dem Bug der TITANIC in der Nacht aufleuchteten. Durch sein Fernglas erkannte der Vierte Offizier Boxhall deutlich, daß es ein

Ausguck Frederick Fleet (1. Reihe Mitte) war der erste Mensch auf der TITANIC, *der den Eisberg sah. Das Foto zeigt ihn und andere Männer der Besatzung nach der Katastrophe.*

Steamer war. Als er versuchte, mit der Lampe zu morsen, glaubte er Antwortzeichen zu erspähen. Aber er konnte nichts entziffern und nahm am Ende an, er hätte das Flackern ihres Mastlichtes gesehen.

Nun mußte schnell gehandelt werden. Sobald Steuermann Rowe auf der Brücke eintraf, fragte ihn Kapitän Smith, ob er die Raketen bei sich habe. Rowe wies sie vor, und der Kapitän befahl ihm: »Feuern Sie eine, und dann wieder eine alle fünf oder sechs Minuten.«

Um o Uhr 45 teilte ein blendender Schein die Dunkelheit. Die erste Rakete schoß von der Steuerbordseite der Brücke in die Nacht, weit hinaus über das Gewirr der Takelage. Dann zerplatzte sie mit einem dumpfen entfernten Knall, und weiße Sterne regneten vom Himmel. Im blauweißen Licht, erinnert sich der Fünfte Offizier Lowe, einen Blick auf Ismays erschrecktes Gesicht geworfen zu haben.

Zehn Meilen entfernt stand der Matrose James Gibson auf der Brücke der CALIFORNIAN. Das seltsame Schiff, das von Osten gekommen war, hatte sich seit einer Stunde nicht bewegt, und Gibson betrachtete es voller Interesse. Mit dem Fernglas konnte er es von der Seite sehen, die strahlenden Lichter des Achterdecks zählen. Einmal glaubte er, sie versuche, der CALIFORNIAN mit der Morselampe zu signalisieren. Er versuchte, mit der eigenen Lampe zu antworten, gab es aber bald auf. Er nahm an, daß es nur das Mastlicht des fremden Schiffes war, das flackerte.

Der Zweite Offizier Herbert Stone, der auf der Brücke der CALIFORNIAN auf und ab ging, beobachtete auch den fremden Steamer mit Interesse. Um o Uhr 45 gewahrte er einen plötzlichen weißen Blitz, der in den Himmel zuckte. Seltsam, dachte er, das Schiff feuert nachts Raketen ab.

4

»Geh' schon vor, ich bleib' noch ein bißchen.«

Lawrence Beesley, ein Passagier, der zweiter Klasse reiste, betrachtete sich als typische Landratte, aber was eine Rakete zu bedeuten hatte, das wußte er wohl. Die TITANIC war in Seenot, brauchte so dringend Hilfe, daß sie jedes Schiff rief, das nahe genug war, um die Rakete zu sehen.

Die anderen auf dem Bootsdeck verstanden das auch – und nun gab es keine Scherze mehr, kein Zögern. Man hatte nicht mal mehr die Zeit, auf Wiedersehen zu sagen.

»Schon gut, mein Mädchen«, sagte Dan Marvin zu seiner jungen Frau, »du gehst schon vor, ich bleib' noch ein bißchen.«

Er warf ihr eine Kußhand zu, als sie sich ins Boot setzte. »Bis gleich.« Adolf Dyker lächelte und half seiner Frau über die Reling.

»Sei tapfer, was auch geschieht, sei tapfer«, sagte Dr. W. T. Minahan zu seiner Frau und trat zurück zu den anderen Männern.

Mr. Turrell Cavendish sagte kein Wort zu Mrs. Cavendish. Nur ein Kuß, ein langer Blick, noch ein Kuß, und er verschwand in der Menge.

Mark Fortune nahm die Wertsachen seiner Frau, als er sich mit seinem Sohn von Mrs. Fortune verabschiedet und ihr mit ihren drei Töchtern ins Boot half.

»Ich paß schon auf, wir nehmen das nächste Boot«, sagte er.

»Charles, paß auf Vater auf!« rief eines der Mädchen ihrem Bruder zu.

»Walter, du mußt bei mir bleiben!« bettelte Mrs. Walter D. Douglas.

»Nein«, sagte Mr. Douglas, »ich muß mich benehmen wie ein Gentleman.«

»Versuche, mit Major Butt und Mr. Moore in ein Boot zu kommen«, kam da eine letzte weibliche Spitze. »Das sind große, starke Kerle, die werden's schaffen.«

Am Rand der Menge stand ein junges spanisches Paar, das in den Flitterwochen war. Señor Victor de Satode Penasco war

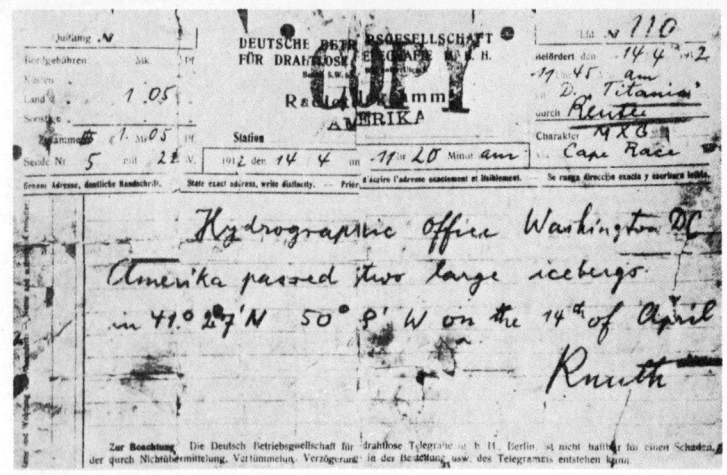

Die TITANIC *erhielt am 14. April sieben Eismeldungen, die sie pflicht-
schuldig nach Washington durchgab. Zwölf Stunden später fuhr sie in
diesem Gebiet auf den Eisberg.*

gerade 18 geworden, und seine Braut war 17. Keiner von beiden
verstand englisch. Sie schauten mit entsetztem Erstaunen um
sich. Gräfin Rothes erspähte sie und eilte an ihre Seite. Ein paar
schnelle Worte in Französisch, dann gab Señor Penasco seine
Braut in die Obhut der Gräfin und trat zurück in den Schatten.

Noch immer wehrten sich einige Ehefrauen dagegen, zu gehen.
Mr. und Mrs. Edgar Mayer aus New York gingen in ihre Kabine,
um nicht vor allen Menschen darüber streiten zu müssen. Dort
beschlossen sie, sich ihres Babys wegen zu trennen.

Arthur Ryerson mußte Mrs. Ryerson mit dem Gesetz drohen:
»Du mußt dem Befehl gehorchen. Wenn es heißt ›Alle Frauen
und Kinder in die Boote‹, dann *mußt* du gehorchen, wenn du
dran bist. Ich bleibe hier mit Jack Thayer. Wir werden es
schaffen.«

Alexander T. Compton jr. mußte streng werden, ehe seine
Mutter ins Boot stieg.

»Sei doch nicht töricht, Mutter, du und Schwesterchen, ihr
steigt ins Boot – ich paß schon auf mich auf.«

Mr. und Mrs. Lucien Smith hatten eine ähnliche Auseinandersetzung. Als sie Kapitän Smith neben dem Megaphon stehen sah, hatte Mrs. Smith eine Eingebung. Sie ging auf ihn zu und erklärte ihm, sie wäre ganz allein auf der Welt, und ob er nicht erlauben könne, daß ihr Mann mit ihr käme. Der alte Kapitän ignorierte sie und brüllte ins Megaphon: »Zuerst Frauen und Kinder in die Boote!«

Da mischte sich Mr. Smith ein.

»Kümmern Sie sich nicht um sie, Kapitän, ich schaffe sie schon ins Boot.« Er wandte sich seiner Frau zu und sagte ganz langsam: »Ich habe nie Gehorsam von dir verlangt, aber jetzt muß ich es tun. Es ist eine reine Formsache, daß Frauen und Kinder zuerst in die Boote steigen. Das Schiff ist gut ausgerüstet, und jeder wird gerettet werden.«

Mrs. Smith fragte ihn, ob er wirklich ehrlich wäre, und Mr. Smith antwortete mit einem festen und entschiedenen Ja. Sie küßten sich, und das Boot wurde ins Wasser gefiert.

Er rief noch: »Steck die Hände in die Taschen, es ist kalt.«

Manchmal bedurfte es mehr als sanfter Überredungskünste. Mrs. Emil Taussig klammerte sich an ihren Mann, als Boot 8 mit ihrer Tochter heruntergelassen wurde. Mrs. Taussig wandte den Kopf nur eine Sekunde und schrie: »Ruth!«

Diese kurze Ablenkung reichte; zwei Männer rissen sie von Mr. Taussig und stießen sie in das sich bereits senkende Boot.

Ein Matrose zerrte Mrs. Charlotte Collyer am Arm, ein anderer packte sie um die Taille, um sie von ihrem Gatten Harvey loszureißen. Sie trat um sich, um freizukommen, als sie ihn rufen hörte: »Lottie, geh doch, Lottie! Um Himmels willen, sei tapfer und geh! Ich finde einen Platz im nächsten Boot.«

Als Celiney Yasbeck sah, daß sie allein ins Boot sollte, fing sie an zu schreien und wollte wieder heraus und zu Mr. Yasbeck zurück, aber ehe ihr das gelang, war das Boot bereits heruntergelassen.

Keine Überredungskunst der Welt brachte Mrs. Hudson J. Allison aus Montreal dazu, ins Boot zu steigen. Ein wenig abseits schmiegte sie sich an Mr. Allison. Das Baby Trevor war schon mit der Amme ins Boot getragen worden, aber Lorraine, ihre dreijährige Tochter, klammerte sich an ihre Röcke.

Mrs. Isidor Straus weigerte sich ebenfalls zu gehen.

»Ich bin immer bei meinem Mann gewesen, warum sollte ich ihn jetzt verlassen.«

Wirklich hatten die beiden einen langen gemeinsamen Weg hinter sich: Die Asche der Konföderation . . . Der kleine chinesische Laden in Philadelphia . . . Sie hatten Macy's zu einer internationalen Institution gemacht . . . Kongreß . . . Und nun die frohe Dämmerung eines erfolgreichen Lebens . . . Beratungsaufträge, Mildtätigkeit, Hobbys, Reisen. Diesen Winter hatten sie am Cap Martin verbracht, und die Jungfernfahrt der TITANIC versprach ein genußvoller Abschluß der Reise zu werden.

Heute nacht waren die Straus' wie die anderen auf Deck gekommen, und erst hatte Mrs. Straus unentschieden gewirkt. Sie hatte ihrer Zofe Ellen Bird erst ihre kleineren Juwelen gereicht, sie ihr dann wieder abgenommen. Dann überquerte sie das Deck und stieg beinahe bei Nummer 8 ein. Dann aber kehrte sie um und gesellte sich erneut zu Mr. Straus. Nun wußte sie, was sie tun würde.

»Wir haben das ganze Leben zusammen verbracht. Wo du hingehst, da gehe auch ich hin.«

Archibald Gracie, Hugh Woolner und andere Freunde versuchten, sie zum Einsteigen zu überreden, vergeblich. Dann wandte sich Woolner an Mr. Straus und sagte: »Sicher würde es niemand was ausmachen, wenn so ein alter Herr wie Sie . . .«

»Ich gehe nicht vor den anderen Männern«, sagte er; damit war das Thema für ihn beendet. Mrs. Straus umfaßte seinen Arm noch fester, streichelte ihn und lächelte zu ihm auf, lächelte auch zu den besorgten Menschen um sie her. Dann setzten sich beide auf Deckstühle, die in ihrer Nähe standen.

Doch die meisten Frauen stiegen in die Boote – Ehefrauen, von ihren Männern geleitet, alleinstehende Damen von den Männern, die sich um sie kümmerten. Damals boten noch Herren formell den alleinstehenden Damen ihre Dienste an. Schon zu Beginn der Reise war dies geschehen. Heute nacht war man froh um derlei Höflichkeiten.

Mrs. William T. Graham, die 19jährige Margaret und die Gouvernante, Miß Shutes, wurden von Howard Case, dem Londoner Geschäftsführer von Vacuum Oil, ins Boot geleitet, und dem jungen Augustus Roebling aus Washington, dem reichen Stahlerben und Manager der Mercer-Automobilwerke in Trenton, New Yersey. Als Nummer 8 zu Wasser gefiert wurde, sah Mrs. Graham, wie Case sich gegen die Reling lehnte, eine Zigarette anzündete und winkte.

Als die TITANIC mit der Breitseite an dem Eisberg vorbeischabte, sah es von oben aus, als wäre sie um Haaresbreite aufgefahren. Die Passagiere unten wußten es besser: Der Eisberg schnitt ein 100 Meter langes klaffendes Leck in den Schiffsrumpf.

71

Mrs. E. D. Appleton, Mrs. R. C. Cornell, Mrs. J. Murray Brown und Miß Edith Evens, die von einem Familienbegräbnis in England zurückkehrten, hatte Colonel Gracie unter seine Fittiche genommen, aber er verlor sie in der Menge und fand sie erst sehr viel später wieder.

Vielleicht war der Colonel auch abgelenkt, denn er mußte sich gleichzeitig um Mrs. Churchill Candee, seine Tischgenossin im Speisesaal, kümmern. Mrs. Candee kam aus Paris zurück, um ihren Sohn zu besuchen, der auf damals ganz neuartige Weise verunglückt war: mit dem Flugzeug. Sie muß ungeheuer attraktiv gewesen sein, denn fast alle wollten sie beschützen.

Als Edward A. Kent, ein anderer Tischgenosse, sie nach dem Zusammenstoß getroffen hatte, hatte sie ihm eine Elfenbeinminiatur ihrer Mutter aus Sicherheitsgründen anvertraut. Dann erschienen Hugh Woolner und Bjornstrom Steffanson und halfen ihr in Boot 6. Woolner winkte ihr zu, sagte, sie würden ihr wieder an Bord helfen, wenn die TITANIC wieder stabiler geworden sei. Minuten später stürzten Gracie und Clinch Smith herbei und suchten nach Mrs. Candee, aber Woolner sagte ihnen, vielleicht ein bißchen selbstzufrieden, er habe alles erledigt, und sie sei sicher ins Boot gestiegen.

Es war auch Zeit gewesen, denn das Deck senkte sich immer mehr, und selbst die Sorglosen begannen, sich ungemütlich zu fühlen. Einige, die alles in den Kabinen gelassen hatten, überlegten es sich jetzt und eilten zurück, um Wertsachen zu holen. Sie erlebten unliebsame Überraschungen. Celiney Yasbeck fand ihre Kabine völlig unter Wasser, ebenso Gus Cohen. Victorine, die französische Zofe der Ryersons, hatte ein noch unangenehmeres Erlebnis. Sie fand ihre Kabine noch immer trocken und rumorte darin herum, als sie hörte, wie der Schlüssel sich im Schloß drehte, und sie begriff, daß der Steward von außen absperrte, um Plünderungen zu verhüten. Ihr Schrei kam gerade zur rechten Zeit. Ohne ihr Glück noch einmal zu versuchen, rannte sie mit leeren Händen aufs Bootsdeck.

Nun war es klar, daß nicht mehr viel Zeit übrigblieb. Thomas Andrews ging von Boot zu Boot und drängte die Frauen zur Eile.

»Meine Damen, Sie müssen sofort einsteigen. Wir haben keine Sekunde mehr zu verlieren. Sie können sich Ihr Boot nicht aussuchen. Keine Verzögerung, bitte, steigen Sie ein!«

Andrews hatte guten Grund für sein Verhalten. Nie waren die

```
R.M.S. "TITANIC."

                    APRIL 14, 1912.

              HORS D'ŒUVRE VARIÉS
                     OYSTERS

CONSOMMÉ OLGA          CREAM OF BARLEY

    SALMON, MOUSSELINE SAUCE, CUCUMBER

          FILET MIGNONS LILI
      SAUTÉ OF CHICKEN, LYONNAISE.
         VEGETABLE MARROW FARCIE

          LAMB, MINT SAUCE
      ROAST DUCKLING, APPLE SAUCE
   SIRLOIN OF BEEF CHATEAU POTATOES

  GREEN PEAS          CREAMED CARROTS
              BOILED RICE
   PARMENTIER & BOILED NEW POTATOES

             PUNCH ROMAINE

        ROAST SQUAB & CRESS
     COLD ASPARAGUS VINAIGRETTE
          PÂTE DE FOIE GRAS
               CELERY

          WALDORF PUDDING
     PEACHES IN CHARTREUSE JELLY
    CHOCOLATE & VANILLA ECLAIRS
          FRENCH ICE CREAM
```

*Der Ruck des Zusammenstoßes ließ im Speisesaal erster Klasse nur
das Silberbesteck klappern. Dort hatten vor drei Stunden fünf
Freunde diese Speisekarte signiert, um sie als Erinnerung eines fest-
lichen Dinners aufzubewahren.*

Frauen unberechenbarer als jetzt. Ein Mädchen, das darauf wartete, in Boot Nummer 1 zu steigen, rief plötzlich: »Jetzt hab' ich
Jacks Foto vergessen. Ich muß es holen.«

Unter dem Protest von allen rannte sie hinunter, erschien
erneut mit dem Bild und wurde ins Boot geschubst.

Alles war so schrecklich drängend – und doch so ruhig –, daß
der Zweite Offizier Lightoller es für Zeitverschwendung hielt,
als der Hauptoffizier Wilde ihn bat, mit ihm die Feuerwaffen zu
holen. Schnell führte er den Kapitän, Wilde und den Ersten
Offizier Murdoch nun doch zu dem Schrank, in dem die Waffen
verwahrt waren. Wilde drückte Lightoller eine Pistole in die
Hand und sagte: »Vielleicht werden Sie sie brauchen.«

Lightoller steckte sie ein und rannte zurück.

Ein Boot nach dem anderen wurde nun hastig zu Wasser
gefiert. Nummer 6 um 0 Uhr 55, Nummer 3 um 1 Uhr, Nummer
8 um 1 Uhr 10 ... Als er zusah, wie die Boote weniger wurden,
riet der Erste-Klasse-Passagier William Carter seinem Mitreisen-

den Harry Widener, ins Boot zu steigen. Widener schüttelte den Kopf.

»Ich glaube, ich halte mich an das große Schiff, Billy«, sagte er. »Ich riskier's!«

Manche Männer der Besatzung waren weniger optimistisch. Als der Zweite Hilfssteward Wheat bemerkte, daß Chefsteward Latimer eine Schwimmweste über dem Mantel trug, beschwor er ihn, sie unter den Mantel zu ziehen – dann wäre es einfacher zu schwimmen, sagte er.

Auf der Brücke feuerten der Vierte Offizier Boxhall und Steuermann Rowe weitere Raketen ab. Boxhall wollte sich noch immer nicht ins Unvermeidliche fügen.

»Kapitän«, sagte er, »ist es wirklich ernst?«

»Mr. Andrews sagt mir«, antwortete Smith ruhig, »daß er uns von jetzt ab noch eine bis eineinhalb Stunden gibt.«

Lightoller hatte da ganz andere Beweise: eine steile, enge Nottreppe, die vom Bootsdeck hinunterführte zum E-Deck. Das Was-

Das Privatpromenadendeck, das zu Suite B-52 bis B-56 gehörte. Dort wohnte Bruce Ismay, der Direktor der White Star Line.

ser kroch langsam die Stufen herauf, und ab und zu trat Lightoller an die Treppe und zählte nach, um wie viele Stufen das Wasser mittlerweile gestiegen war. Er konnte das leicht sehen, denn unter dem blaßgrünen Wasser brannten noch die Lichter. Seine Berechnungen verrieten ihm, daß die Zeit raste – die Stufen verschwanden immer schneller.

Eine hübsche kleine Französin stolperte und fiel, als sie in Boot Nummer 9 einsteigen wollte. Eine ältere Frau verfehlte das Boot gänzlich; sie stürzte zwischen Boot und Schiff. Während die Menge aufseufzte, konnte sie jemand wunderbarerweise am Fußknöchel festhalten. Man zog sie erneut an Bord und setzte sie diesmal sicher ins Boot.

Einige Frauen verloren die Nerven. Eine alte Dame sorgte für einen Riesenwirbel neben Boot Nummer 9; sie schüttelte schließlich alle ab und rannte vom Boot weg. Eine hysterische Frau schlug um sich, als sie versuchte, in Nummer 11 einzusteigen. Steward Witter trat an die Reling, um ihr zu helfen, aber sie verlor den Halt, und beide stürzten ins Boot. Neben Nummer 13 stand eine große fette Frau und heulte.

»Ich will nicht ins Boot! Setzt mich nicht ins Boot. Ich war mein Lebtag noch nicht in einem offenen Boot.«

Steward Ray ignorierte ihre Proteste und sagte: »Sie müssen rein – und bitte, bewahren Sie Ruhe.«

Der Plan, die Boote von der unteren Fallreepstreppe aus zu beladen, mißlang völlig. Die Türen, durch die man hätte einsteigen können, ließen sich nicht öffnen. Die Boote, die unten warten sollten, ruderten weg. Die Passagiere, die mitfahren sollten, blieben an Bord zurück. Als die Caldwells und andere hinunter zu dem unteren Deck eilten, sperrte sie jemand, der nichts von dem Plan wußte, dort ein. Erst später bemerkten Männer auf dem Deck darüber die Gruppe und ließen Leitern hinunter, um sie wieder heraufzuholen.

Nun machte sich das Fehlen guter Seeleute bemerkbar, die Verwirrung wuchs. Ein paar der besten Leute waren auf den ersten Booten abgefahren. Andere waren damit beschäftigt, irgendwelche Aufträge zu erledigen: um Lampen zu suchen, die Fenster des A-Decks zu öffnen oder Raketen abzufeuern. Sechs Seeleute waren nach unten gestiegen, um die tiefer gelegenen Durchgänge zu öffnen; sie kamen nie zurück. Wahrscheinlich war ihnen unten der Rückzug abgeschnitten worden.

*Als das Schiff auf-
fuhr, befanden
sich die meisten
Gäste im Rauch-
salon erster Klasse.
Leider gibt es da-
von keine Fotos.
Der Rauchsalon
der* Olympic *ver-
mittelt einen Ein-
druck von der
Eleganz jener
Räume.*

Lightoller rationierte nun seine Helfer und ließ nur zwei Besatzungsmitglieder pro Rettungsboot zu.

Nummer 6 war schon halb abgefiert, als eine Frau rief: »Wir haben nur einen Matrosen an Bord!«

»Ist hier ein Seemann?« fragte Lightoller die Leute an Deck.

»Wenn Sie so wollen, dann geh' ich«, rief eine Stimme aus der Menge.

»Sind Sie Seemann?«

»Ich bin Segler.«

»Wenn Sie Seemann genug sind, um da runterzuklettern, dann können Sie mit.«

Major Arthur Godfrey Peuchen, Vizecommodore des Royal Canadian Yacht Clubs, schwang sich über die Reling und ließ sich an einem Seil hinuntergleiten. Er war der einzige männliche Passagier, den Lightoller in dieser Nacht in einem Boot duldete.

An der Steuerbordseite hatten die Männer mehr Glück gehabt. Murdoch erlaubte ihnen einzusteigen, wenn es noch Platz gab Der französische Pilot Pierre Maréchal und der Bildhauer Paul Chevré kletterten in Boot Nummer 7. Ein paar Einkäufern von Gimbel's gelang es, in Nummer 5 zu steigen. Als man Boot Nummer 3 abfierte, stieg Henry Sleeper Harper nicht nur zu seiner Frau, er brachte auch den Pekinesen Sun Yat-Sen und einen ägyptischen Dolmetscher namens Hamad Hassan mit an Bord, den er in Kairo sozusagen aus Spaß aufgegriffen hatte.

Auf derselben Seite stand Dr. Washington Dodge unsicher im Schatten von Nummer 13. Als der Speisesaalsteward Ray ihn so stehen sah, fragte er ihn, ob seine Frau und sein Sohn schon unterwegs wären. Dodge bejahte, Ray war erleichtert, denn er hatte die beiden besonders ins Herz geschlossen. Er hatte die Dodges bereits auf der OLYMPIC betreut. Die Dodges waren sogar nur seinetwegen an Bord. Keine Zeit zum Philosophieren. Ray rief: »Es ist besser, Sie steigen hier ein!«

Dann stieß er den Doktor in das Boot.

Auf Nummer 1 ging es geradezu förmlich zu. Sir Cosmo Duff Gordon, seine Frau und ihre Sekretärin Miß Francatelli fragten Murdoch, ob sie einsteigen könnten.

»Aber sicher, es würde mich freuen«, antwortete Murdoch laut Sir Cosmo. George Symons, der in der Nähe stand, behauptet, Murdoch habe nur gesagt: »Los, springen Sie rein!« Zwei Amerikaner, Abraham Solomon und C. E. H. Stengel, kamen hinzu, und auch sie wurden ins Boot gebeten. Stengel hatte Schwierigkeiten, über die Reling zu klettern. Er stieg einfach darauf und ließ sich ins Boot fallen. Murdoch lachte amüsiert.

»Das war das komischste, was ich heute nacht gesehen habe.«

Ansonsten schien niemand einsteigen zu wollen; die Boote nebenan waren schon unterwegs, und die Menge hatte sich nach achtern geschoben. Als die fünf Passagiere sicher im Boot saßen, ließ Murdoch sechs Heizer zusteigen, dann übergab er Symons, dem Ausguck, das Kommando und sagte: »Halten Sie gut vom Schiff ab, und wenn wir rufen, kommen Sie wieder.«

Dann winkte er den Männern an den Davits, und die fierten Boot Nummer 1 ab – Fassungsvermögen vierzig Personen – mit genau zwölf Insassen.

Als das Boot zu Wasser glitt, schaute der Schmierer Walter Hurst vom Vorschiff ihm nach und bemerkte etwas bitter: »Wenn sie schon die Boote losschicken, sollten sie vielleicht auch Leute reinsetzen.«

Unten in der dritten Klasse stauten sich Menschen, die gar nicht wußten, daß sie in Boot Nummer 1 noch Platz gefunden hätten. Männer und Frauen wimmelten am Fuß der Zwischendecktreppen bis zum Ende des E-Decks achtern, seit der Steward sie hierhergetrieben hatte. Erst waren es nur Frauen und verheiratete Paare, später trafen die Männer vom Bug ein. Sie strömten mit Hab und Gut durch die ›Scotland Road‹. Nun waren alle zusammengepfercht, lärmend und ruhelos. Sie wirkten eher wie Anstaltsinsassen als Passagiere, als sie sich da unter den nackten Glühbirnen zwischen den kalten weißen Wänden hin- und herschoben.

Dritte-Klasse-Steward John Edward Hart kämpfte darum, ihnen Schwimmwesten anzulegen. Er hatte nicht viel Glück – teils, weil er ihnen gleichzeitig einreden mußte, es bestände keine Gefahr, teils, weil viele kein Wort Englisch verstanden. Dolmetscher Muller versuchte sein bestes mit all den Finnen und Schweden, aber die Evakuierung ging nur langsam voran.

Um 0 Uhr 30 kam der Befehl, die Frauen und Kinder auf das Bootsdeck zu schicken. Es war für sie völlig unmöglich, durch all die sonst verschlossenen Labyrinthgänge hinauf auf Deck zu finden. Hart beschloß, sie in kleinen Gruppen hinaufzulotsen. Das dauerte wiederum seine Zeit, aber immerhin entstand eine gewisse Ordnung.

*Das Café Parisien verband englischen Korbmöbelstil mit französischer
›Joie de vivre‹. Hier tummelten sich die jungen Leute – auch in der
fatalen Nacht.*

Es war ein langer Weg – die breiten Treppen zu den Aufenthaltsräumen der dritten Klasse auf Deck C hinauf – über das offene Welldeck – an der Bibliothek der zweiten Klasse vorbei – in die Räume der ersten Klasse, dann den langen Gang hinunter zum Ärztezimmer, vorbei am Privatsalon der Zofen und Diener der ersten Klasse. Endlich die riesige Treppe hinauf zum Bootsdeck.

Hart führte seine Schäfchen zu Boot Nummer 8, und noch immer war seine Aufgabe nicht beendet, denn sobald er sie im Boot hatte, sprangen sie wieder heraus und eilten ins Innere, wo es warm war.

Es war nach ein Uhr, als Hart endlich zurückkehren konnte, um einen neuen Trupp zu organisieren. Viele Frauen weigerten sich noch immer, in die Boote zu steigen, dagegen bestanden jetzt einige Männer darauf. Aber nach dem Befehl, den Hart erhalten hatte, war das unmöglich.

Endlich hatte er den nächsten Trupp zusammengestellt. Es

war 1 Uhr 20, als er das Bootsdeck erneut erreichte und eine Gruppe zu Boot Nummer 15 brachte. Da war keine Zeit mehr, um zurückzukehren. Murdoch befahl ihm, einzusteigen, und um 1 Uhr 30 pullte er mit der zweiten Gruppe davon.

Niemand drängte die Zwischendeckpassagiere, wie es der wirklichen Lage angemessen gewesen wäre. Und doch fanden viele den Weg über die Sackgasse auf dem E-Deck hinauf zum Bootsdeck. Einige Sperren waren inzwischen entfernt worden. Die, die es schafften, vorbeizukommen, fanden am Ende den Weg nach oben.

Aber die meisten Sperrungen bestanden noch, und die Zwischendeckpassagiere, die Gefahr witterten und versuchten, die Boote zu erreichen, waren ganz auf sich selbst angewiesen.

Wie ein Ameisenzug schob sich eine dünne Karawane vom achteren Welldeck herauf, zog an den Luxuszimmern der ersten Klasse vorbei und weiter über die Reling hinauf zum Bootsdeck.

Einige schlüpften unter dem Seil durch, welches über das Achterdeck gespannt worden war und sie auf der Bugseite halten sollte. Aber dann war es leicht, über die zweite Klasse auf das Bootsdeck zu gelangen.

Andere Passagiere erreichten das Promenadendeck der zweiten Klasse auf dem B-Deck und wußten nicht weiter. Verzweifelt begannen sie, die Leitern, die für die Besatzung in Notfällen bestimmt waren, hinaufzuklettern. Eine Leiter führte am Fenster des hell erleuchteten Speisesaals erster Klasse *à la carte* vorbei, und als Anna Sjoblom mit einem anderen Mädchen vorbeikroch, sahen sie mit Bewunderung hinein, sahen die gedeckten Tische mit Porzellan und Silberbesteck, und das Mädchen wollte die Scheibe eintreten und hineinklettern, aber Anna brachte sie davon ab. Die Schiffahrtslinie würde sie den Schaden bezahlen lassen, meinte sie.

Viele Männer aus dem Zwischendeck kletterten über eine andere Leiter des vorderen Welldecks und erreichten dann über den Niedergang der ersten Klasse das Bootsdeck.

Wieder andere trommelten an die Barrieren und verlangten, durchgelassen zu werden. Als Daniel Buckley, ein Passagier der dritten Klasse, die Treppen zu einer Sperre der ersten Klasse hinaufrannte, sah er, wie der Mann vor ihm von dem wachestehenden Matrosen zurückgestoßen wurde. Wütend kam der Mann wieder auf die Füße und rannte erneut die Treppe hinauf.

Der Matrose sah das, schlug die Tür zu und floh. Der Passagier brach das Schloß auf und lief dem Matrosen nach. Er brüllte, er werde ihn umbringen, wenn er ihn zu fassen kriegte. Als die Sperre weggeräumt war, schwärmten Buckley und viele andere Männer auf das A-Deck.

An einer anderen Sperre hielt ein Matrose Kathy Gilnagh, Kate Mullins und Kate Murphy auf. (Offenbar hießen auf der TITANIC alle irischen Mädchen Katherine.) Plötzlich tauchte Zwischendeckpassagier Jam Farrell, ein bulliger Ire aus dem Heimatort der Mädchen, auf.

»Großer Gott, Mann!« brüllte er. »Machen Sie sofort die Tür auf und lassen Sie die Mädchen durch!«

Seine irische Lautstärke hatte Erfolg. Zum Erstaunen der Mädchen gab der Matrose auf der Stelle nach.

Aber damit waren Kathy Gilnaghs Schwierigkeiten noch nicht beendet. Sie machte eine falsche Wendung, verlor ihre Freunde aus den Augen – und fand sich mutterseelenallein auf dem leeren Promenadendeck der zweiten Klasse, ohne die geringste Ahnung, wie sie die Boote erreichen sollte. Das Deck war leer bis auf einen einzelnen Mann, der an der Reling lehnte und melancholisch in die Nacht hinausstarrte. Er erlaubte ihr, auf seine Schultern zu klettern, und so erreichte sie das nächste Deck. Als sie endlich atemlos auf dem Bootsdeck ankam, wurde Boot Nummer 16 soeben abgefiert. Ein Mann hielt sie fest – kein Platz mehr.

»Aber ich will doch bei meiner Schwester bleiben«, wimmerte Kathy.

Es gab keine Schwester, und doch schien das eine gute Idee gewesen zu sein, um den Mann zu rühren. Es half!

»Gut, steigen Sie ein«, sagte er seufzend, und sie schlüpfte in das Boot, das sich bereits senkte. Wieder ein Passagier dritter Klasse, der sich retten konnte.

Aber auf jeden Zwischendeckpassagier, der sich retten konnte, kamen Hunderte, die ziellos im Schiff umherirrten – einige blieben sogar in ihren Kabinen. Dort fand der junge Martin Gallagher Mary Agathe Glynn und ihre vier entmutigten Zimmergefährtinnen. Schnell begleitete er sie zum Boot 13 und blieb selber zurück. Andere verlegten sich aufs Beten. Als der Zwischendeckpassagier Gus Cohen am Speiseraum der dritten Klasse vorbeikam – das war etwa eine Stunde nach dem Zusammenstoß – sah er dort viele Leute mit Rosenkränzen in der Hand.

Am schlimmsten ging es dem Personal des Restaurants *à la carte* in der ersten Klasse. Sie waren keine Passagiere, gehörten aber auch nicht zur Mannschaft. Das Restaurant wurde nicht von der White Star Line betrieben, sondern von Monsieur Gatti geführt. Das bedeutete, daß die Angestellten keinerlei Status in der Struktur der Schiffahrtsgesellschaft innehatten. Um das Unglück voll zu machen, waren es meist Franzosen oder Italiener – und das angelsächsische Mißtrauen richtete sich im Jahre 1912 leicht gegen diese Nationalitäten.

Sie hatten von Anfang an keine Chance. Steward Johnson erinnert sich daran, wie sie aus ihren Quartieren auf das achtere E-Deck getrieben wurden. Gatti, sein Küchenchef und dessen Assistent, Paul Mugé, waren die einzigen, die es aufs Bootsdeck schafften. Sie schafften es deshalb, weil sie in Zivil waren. Die Mannschaft hielt sie für Passagiere.

Drunten im Maschinenraum fiel es keinem Mann auch nur ein, seinen Posten zu verlassen. Man kämpfte verbissen darum, den Dampfdruck zu halten, die Lichter weiterbrennen zu lassen, die Pumpen am Laufen zu halten. Chefingenieur Bell ließ alle Schotte achtern von Kesselraum Nummer 4 öffnen. Wenn das Wasser kam, würde man sie wieder schließen. In der Zwischenzeit konnte man sich so leichter bewegen.

Der Schmierer Fred Scott mühte sich darum, einen eingeschlossenen Kameraden im Achtertunnel zu befreien. Schmierer Thomas Ranger schaltete die 45 Ventilatoren aus; sie brauchten zu viel Elektrizität. Heizer Thomas Patrick Dillon half ein Stück Rohrleitung von achtern nach vorn zu schleppen, um die Saugpumpe in Kesselraum 4 zu größeren Leistungen zu trimmen.

Dort löschte Heizer George Cavell eben die Feuer. Das bedeutete zwar wiederum einen Energieverlust, aber man mußte eine Explosion verhindern, wenn das Seewasser Kesselraum 4 erreichte. Mittlerweile war es 1 Uhr 20, und Cavell war beinahe fertig, als er bemerkte, daß das Wasser durch die Bodenplatten sickerte. Cavell arbeitete noch schneller. Als er bis zu den Knien im Wasser stand, hatte er genug. Er war schon fast oben, als er plötzlich das Gefühl hatte, er ließe seine Kameraden im Stich. Er kletterte eilends wieder hinunter, um zu entdecken, daß auch sie schon das Weite gesucht hatten. Diesmal kletterte er mit ruhigem Gewissen nach oben.

Nun waren die meisten Boote bereits unterwegs. Eines nach dem anderen pullten sie langsam davon. Die Riemen platschten laut in der nächtlichen Stille über dem Wasser.

»Ich hab' noch nie im Leben ein Ruder in der Hand gehabt, aber ich glaube, ich kann's«, sagte ein Steward zu Mrs. J. Stuart White in Boot 8.

Alle Augen waren auf die TITANIC gerichtet. Ihre hohen Masten und die vier mächtigen Schornsteine hoben sich klar und schwarz vom blauen Nachthimmel ab. Die Promenadendecks und Bullaugen waren alle hell erleuchtet und blitzten herüber. Vom Boot aus konnte man die Menschen an der Reling stehen sehen. Durch die Nacht flogen die Melodienfetzen des Ragtimes zu den Booten herüber. Es schien unmöglich, daß das riesige Schiff wirklich zerstört sein sollte. Und doch: Hier waren die Boote, und dort senkte sich der Bug der TITANIC immer mehr.

Schwerfällig entfernten sich die Boote. Die, denen man befohlen hatte, zu warten, ließen die Riemen ruhen. Andere, die zu dem Steamer, dessen Lichter in der Ferne leuchteten, rudern sollten, machten sich mühsam auf die Reise.

Der Steamer schien greifbar nahe. Kapitän Smith befahl den Leuten in Boot 8, hinzupullen, die Passagiere dort abzuladen und zurückzukehren, um weitere Passagiere aufzunehmen. Er fragte Rowe, der die Raketen abschoß, ob er morsen könne. Rowe erwiderte, er könne ein wenig morsen, und der Kapitän sagte: »Rufen Sie das Schiff. Wenn es antwortet, sagen Sie: ›Wir sind die TITANIC, wir sinken. Bitte, schickt uns eure Boote.‹«

Boxhall hatte vergeblich versucht, mit dem Schiff in Verbindung zu treten, aber Rowe wollte es unbedingt auch versuchen. Also morste er immer wieder in der Zeit zwischen den Raketenabschüssen. Immer noch keine Antwort. Dann machte Rowe darauf aufmerksam, daß er noch ein Licht auf der Steuerbordseite sähe. Der alte Kapitän hob sein Fernglas an die Augen und sagte höflich, er glaube, es sei ein Stern. Aber ihm gefiel der Eifer des jungen Steuermannes, und er gab ihm das Fernglas, um sich selbst zu überzeugen.

Mittlerweile feuerte Boxhall weitere Raketen ab. Früher oder später, so hoffte er, würde das fremde Schiff reagieren.

Auf der Brücke der CALIFORNIAN zählten der Zweite Offizier Stone und der Matrose Gibson die Raketen. Um 0 Uhr 55 waren

Kapitän Smith (rechts) mit Zahlmeister McElroy, am 11. April in Queenstown aufgenommen.

es schon fünf. Gibson versuchte mit der Lampe zu morsen, und um ein Uhr hob er wieder das Fernglas an die Augen, genau in dem Moment, als die sechste Rakete hochging.

Um 1 Uhr 10 pfiff Stone das Sprachrohr zum Kartenraum hinunter und rief Kapitän Lord.

Der Kapitän antwortete: »Könnt ihr Signale erkennen?«

»Ich weiß nicht«, sagte Stone, »aber es sind weiße Raketen.«

Der Kapitän riet ihm weiterzumorsen.

Etwas später gab Stone Gibson das Fernglas mit der Bemerkung: »Schauen Sie mal durch, mir kommt das Schiff merkwürdig vor, wie es im Wasser liegt. Die Lichter sehen seltsam aus.«

Gibson betrachtete das Schiff sorgfältig und meinte: »Sie ragt eigentümlich aus dem Wasser, Schlagseite?«

Das Schiff drüben schien den Männern zuzuhören. Stone, der neben ihm stand, bemerkte, daß mit einemmal das rote Seitenlicht verschwunden war.

5

»Ich glaube, sie ist hin, Hardy!«

Die anderen Schiffe begriffen die Situation einfach nicht. Um
1 Uhr 25 fragte die OLYMPIC: »Steuert ihr nach Süden, uns
entgegen?«

Phillips erklärte geduldig: »Wir sind dabei, die Frauen in die
Rettungsboote zu bringen.«

Dann die FRANKFURT: »Sind schon viele Schiffe zur Stelle?«

Phillips ignorierte die Anfrage. Wieder die FRANKFURT: Bitte
um Details. Das war zuviel. Phillips sprang auf und brüllte:
»Diese verdammten Idioten fragen ›Was gibt's, alter Junge?‹«
Wütend funkte er zurück: »Idiot, halte dich da raus!«

Ab und zu schaute Kapitän Smith herein, um mitzuteilen, daß
die Energie nachlasse, daß es nicht mehr lange dauern könne.
Später, um mitzuteilen, daß das Wasser den Maschinenraum
erreicht habe.

Um 1 Uhr 45 flehte Phillips die CARPATHIA an: »Kommt bitte
so schnell ihr könnt, der Maschinenraum steht voll Wasser bis
zu den Kesseln.«

Bride hatte mittlerweile Phillips einen Mantel angezogen
und das Kunststück fertiggebracht, ihm eine Schwimmweste
überzuziehen. Das Problem, ihn ins Boot zu schaffen, war größer.
Phillips fragte, ob noch Boote übrig wären, ob man wirklich
Boote brauche.

Er ließ Bride für kurze Zeit ans Gerät, um sich draußen
umzusehen. Kopfschüttelnd kam er zurück.

»Die Sache sieht merkwürdig aus.«

Das war es in der Tat. Die See leckte nun über das vordere
Welldeck der TITANIC, schlug Wellen gegen die Davits, die Luken
und den Fuß des Mastes, rollte gegen den mittleren Decksaufbau.
Das Röhren des entweichenden Dampfes hatte aufgehört, die
zischenden Raketen stiegen nicht mehr in den Himmel. Das
Deck hatte sich merklich geneigt, und am Bug war die Schräge
besonders deutlich zu sehen.

Etwa um 1 Uhr 40 brüllte Hauptoffizier Wilde: »Alles nach
Steuerbord, wir müssen ausbalancieren!«

Passagiere und Besatzung hasteten hinüber, und schwerfällig richtete sich die TITANIC etwas zurecht. Man fuhr fort, die Boote zu Wasser zu fieren.

Als Boot Nummer 2 um 1 Uhr 45 loswerfen sollte, brüllte Steward Johnson, dessen Taschen mit Orangen gefüllt waren, hinauf, man solle ihm ein Messer geben, um die Leinen zu kappen. Matrose McAuliffe warf seines hinunter und rief: »Denk' bitte in Southampton daran, mir es wiederzugeben!«

McAuliffe war ganz sicher der letzte Mensch auf der TITANIC, der immer noch glaubte, lebend nach Southampton zu kommen.

Der Erste Offizier Murdoch wußte es besser. Als er das Deck entlanglief, traf er Chefsteward Hardy von der zweiten Klasse.

»Ich glaube, sie ist hin, Hardy«, sagte er seufzend.

Nun hatte man keine Schwierigkeiten mehr, die Leute zum Einsteigen zu bewegen. Paul Maugé, der Koch, sprang drei Meter tief in das schon baumelnde Boot. Jemand auf dem Deck darunter versuchte, ihn herauszuzerren, aber er entwand sich und blieb im Boot.

Passagier Daniel Buckley aus der dritten Klasse, nun durch die eingeschlagene Sperre auf Deck gelangt, nahm kein Risiko mehr auf sich. Mit ein paar anderen Männern sprang er in ein Boot und kauerte sich dort weinend zusammen. Die meisten Männer zerrte man wieder heraus, aber Buckley hatte irgendwo einen Frauenschal erwischt. Er sagte später, Mrs. Astor habe ihn über ihn gebreitet. Die Verkleidung hatte Erfolg.

Ein anderer junger Mann, fast noch ein Kind, hatte kein Glück. Der Fünfte Offizier Lowe entdeckte ihn unter dem Sitz von Boot Nummer 14. Er flehte und versprach, nicht viel Platz einzunehmen. Lowe zog seine Pistole, aber der Junge bettelte immer mehr. Da änderte Lowe seine Taktik, sagte ihm, er solle doch ein Mann sein, und schaffte es, daß er das Boot wieder verließ. In der Zwischenzeit hatten Mrs. Charlotte Collyer und andere Frauen im Boot zu weinen begonnen, und ihre achtjährige Tochter Marjory heulte mit. Sie zupfte Lowe am Ärmel und schluchzte: »Ach, Mr. Matrose, bitte nicht schießen, bitte nicht den armen Mann totschießen!«

Lowe nahm sich die Zeit, ihr beruhigend zuzulächeln. Der Junge war wieder an Deck und lag, mit dem Gesicht nach unten, in einer Taurolle.

Aber die Schwierigkeiten an Boot Nummer 14 waren noch

John Jacob Astor, einer der Passagiere, die sich keine Angst einjagen ließen. Er hatte einmal die Bemerkung gemacht: »Einem Mann, der eine Million Dollar besitzt, geht es so gut, als wäre er reich.«

nicht vorüber. Ein neuer Schwall Männer stürmte das Boot. Matrose Scarrott schlug mit der Ruderpinne nach ihnen. Lowe zog seine Pistole und brüllte: »Wenn's noch einer versucht, dann kriegt er eine Ladung verpaßt!«

Er feuerte dreimal am Schiff vorbei, dann ließ man das Boot zu Wasser.

Murdoch konnte mit knapper Not den Sturm auf Boot Nummer 15 verhindern. Er brüllte: »Zurück, zurück, erst Frauen und Kinder!«

Weiter vorn gab es massive Schwierigkeiten mit dem zerlegbaren Rettungsboot C, welches man am Davit von Nummer 1 befestigt hatte. Eine verzweifelte Menge drängte und schob, um ins Boot zu kommen.

Zwei Männer sprangen hinein. Zahlmeister Herbert McElroy schoß zweimal in die Luft. Murdoch brüllte: »Gehen Sie raus! Los, raus hier!«

Hugh Woolner und Bjornstrom Steffanson, angelockt vom Knall der Schüsse, eilten herbei, um zu helfen. An Armen und Beinen zerrten sie die zappelnden Männer aus dem Boot. Weiter ging es mit den Frauen.

Jack Thayer stand neben Milton Long, einem jungen Mann aus Springfield, Massachusetts, den er eben erst beim Kaffee nach dem Essen kennengelernt hatte. Nach dem Zusammenprall hatte sich Long, der allein reiste, der Familie Thayer angeschlossen, aber er und Jack hatten den alten Thayer im Gewühl auf dem A-Deck verloren. Nun diskutierten sie, was zu tun sei, und nahmen an, der Rest der Familie befände sich in Sicherheit. Sie beschlossen, nicht in Boot C zu steigen, da es bei all der Aufregung so aussah, als würde es bald umschlagen.

Damit hatten sie unrecht. Die Erregung ließ nach. Das Boot hörte auf zu schwanken und konnte aufs Wasser gesetzt werden. Hauptoffizier Wilde wollte wissen, wer den Befehl übernähme, und Kapitän Smith, der ihn hörte, wandte sich zu Steuermann Rowe – der noch immer mit der Morselampe hantierte – und befahl ihm, das Boot zu übernehmen. Rowe sprang hinein, und das Boot wurde gefiert.

Dicht daneben stand Präsident Ismay und half, das Boot seeklar zu machen. Er war nun ruhiger als zuvor, als Lowe ihn angeschrien hatte – er wirkte nun wie ein Besatzungsmitglied der Titanic.

Das war keine neue Rolle für ihn und beileibe nicht seine einzige. Manchmal zog er die Rolle des Passagiers vor. Und während dieser Reise hatte er häufig die Rollen gewechselt.

In Queenstown spielte er sozusagen den Superkapitän. Er

Nach dem Zusammenstoß begab sich Kapitän Smith zur Steuerbordseite der Kommandobrücke. Eben hier wurde auch das letzte Bild von ihm in Queenstown fotografiert.

sagte Chefingenieur Bell, welche Geschwindigkeit er für die verschiedenen Etappen der Reise wünsche. Auch legte er die Ankunftszeiten in New York auf Mittwochmorgen fest, statt Dienstagnacht, wie geplant. Dabei besprach er sich nicht mit Kapitän Smith.

Später, auf See, war er ganz Passagier, genoß die feine Küche des *à la carte*, Shuffleboard, Bridge; Tee und Gebäck im Deckstuhl auf der Bugseite des A-Decks.

Thomas Andrews, der Direktor von Harland & Wolff. Er war es, der Kapitän Smith mathematisch bewies, daß die TITANIC *sinken mußte.*

An diesem Sonntag war er genügend Mitglied der Besatzung, um mitzubekommen, daß ein anderes Schiff vor Eisbergen warnte. Im hellen, sonnigen Palmenhof – als eben der Gong zum Lunch ertönte – reichte ihm Kapitän Smith den Funkspruch der BALTIC. Am Nachmittag fischte Ismay (der gerne spüren ließ, wer er war) den Zettel aus seiner Tasche und schwenkte ihn vor Mrs. Ryerson und Mrs. Thayers Augen. Im Rauchsalon vor dem Essen, als das Abendlicht durch die bernsteingelben Fenster fiel, bat ihn Kapitän Smith um die Botschaft und erhielt sie zurück. Ismay wanderte hinunter ins Restaurant, untadelig in seinem Smoking, ein Erste-Klasse-Passagier vom Scheitel bis zur Sohle.

Nach dem Zusammenstoß verwandelte er sich wieder in ein Besatzungsmitglied, war oben beim Kapitän auf der Brücke, beriet sich mit Chefingenieur Bell – und nun, trotz Lowes Rüge, brüllte er Befehle beim Wassern der Boote.

Dann kam die Wandlung. Im letzten Moment kroch er plötzlich in Boot C, als es sich schon senkte. 42 Menschen inklusive Bruce Ismay an Bord – eben auch ein Passagier, nicht wahr?

Die meisten Passagiere waren da anders. William T. Stead, unabhängig wie eh und je, hatte sich mit einem Buch in den Rauchsalon erster Klasse zurückgezogen. Heizer Kemish, der vorbeikam, glaubte, er wolle dort bleiben, was auch immer geschehe.

Reverend Robert J. Bateman aus Jacksonville stand dabei, als seine Schwägerin, Mrs. Ada Balls, ins Boot stieg.

»Wenn ich dich auf dieser Welt nicht mehr treffe, dann sehen wir uns in der anderen«, rief er ihr nach.

Dann, als das Boot sich ruckweise zu senken begann, warf er ihr als Erinnerung seine Krawatte nach.

George Widener und John B. Thayer lehnten im leisen Gespräch an der Reling des Bootsdecks. Im Gegensatz zu den Vermutungen seines Sohnes befand sich der alte Thayer nicht in Sicherheit, und es bestand auch keine Hoffnung für ihn, ein Boot zu besteigen. Dicht daneben standen Archie Butt, Clarence Moore, Arthur Ryerson und Walter Douglas schweigend beieinander. Major Butt war ganz still geworden. Er trug keine Pistole und nahm auch nicht an den Aktivitäten teil – trotz der Geschichten, die man sich von ihm erzählt, die besagen, er habe praktisch die ganze Sache geleitet.

Dann starrte auch Jay Yates – von dem es heißt, er sei ein Spieler gewesen und habe den großen Coup auf der TITANIC geplant – allein und ohne einen Freund auf das Meer hinaus. Einer Frau, die ins Boot stieg, reichte er eine Seite, die er aus seinem Kalender gerissen hatte. Darauf notierte er einen seiner ›Alias-Namen‹.

›Wenn Sie gerettet werden, informieren Sie meine Schwester, Mrs. F. J. Adams of Findly, Ohio. Untergegangen: J. H. Rogers.‹

Benjamin Guggenheim gab eine detaillierte Botschaft weiter.

›Wenn mir etwas zustoßen sollte, sagen Sie bitte meiner Frau, ich hätte das beste getan, um meine Pflicht zu erfüllen.‹

Es gab auch noch andere Ehepaare. Die Allisons standen lächelnd auf dem Promenadendeck. Mrs. Allison hielt die kleine

Lorraine an der einen Hand, mit der anderen umfaßte sie ihren Mann. Die Straus' lehnten engumschlungen an der Reling. Ein junges Paar aus dem Westen wartete dicht daneben. Als Lightoller das Mädchen in ein Boot schieben wollte, antwortete sie fröhlich: »Nicht um alles in der Welt. Wir sind zusammen losgefahren, wir beenden unsere Reise auch zusammen.«

Archibald Gracie, Clinch Smith und Dutzende andere Männer der ersten Klasse arbeiteten mit der Besatzung an den Booten. Als sie Miß Constance Willard aus Duluth, Minnesota, ins Boot setzten, lächelten sie und hielten sie dazu an, tapfer zu sein. Sie sah, wie heftig sie alle von der Arbeit schwitzten.

Auch Lightoller schwitzte. Er zog seinen Mantel aus. Selbst in Pullover und Pyjama war er klatschnaß. Das wirkte in der bitterkalten Nacht so fehl am Platz, daß der Assistenzarzt Simpson ihm neckisch zurief: »Na, Lights, ist dir warm?«

Der Assistenzarzt stand bei dem alten Dr. O'Loughlin, Zahlmeister McElroy und Hilfszahlmeister Baker. Lightoller trat kurz zu der Gruppe, und alle gaben sich die Hände und sagten: »Good bye!«

Mehr Zeit gab es nicht. Ein Blick auf die Notleiter zeigte Lightoller, daß das Wasser nun auf das C-Deck gestiegen war – und es stieg weiterhin schnell. Und doch brannten noch alle Lichter, klang immer noch der Ragtime, und das Schlagzeug hatte immer noch einen guten Rhythmus.

Nur noch zwei Boote. Eines davon Nummer 4, das die ganze Nacht Schwierigkeiten gemacht hatte. Vor einer Stunde hatte Lightoller es zum A-Deck abgefiert, um es dort vollzuladen, aber die Fenster waren alle geschlossen. Jemand bemerkte, daß direkt unter dem Boot die Funkantenne der TITANIC herausragte. Matrose Sam Parks und Ladeninhaber Jack Foley machten sich daran, sie abzuhacken, aber sie konnten keine Axt finden. Die Zeit verstrich. Lightoller eilte zu den anderen Booten; er würde Nummer 4 später ablassen.

Währenddessen wanderten die Passagiere, die auf das Boot warteten, ruhelos auf und ab. Die Astors, Wideners, Thayers, Carters und Ryersons hielten sich eng zusammen. Als Lightoller anfangs befohlen hatte, das Boot zu beladen, waren Frauen, Kinder, Zofen und Ammen nach unten geklettert, um als Gruppe einzusteigen. Seitdem warteten sie.

Bald gesellten sich die dazugehörigen Männer zu der Truppe, und eine geschlagene Stunde stand die Creme der New Yorker Gesellschaft wartend herum, während die Fenster geöffnet und die Antenne gekappt wurden. Einmal befahl man sie auf Deck, aber der Zweite Steward Dodd schickte sie wieder zurück. Mrs. Thayer rief erschöpft: »Sagen Sie uns doch, wo wir hin sollen, und wir kommen! Sie lassen uns raufkommen, dann schicken Sie uns wieder nach unten!«

Es war 1 Uhr 45, als Lightoller die Sache in Angriff nahm. Da stand er, einen Fuß im Boot, den anderen auf dem Fensterbrett. Jemand stellte Deckstühle von innen gegen die Brüstung, wie eine Treppe. Die Männer halfen den Frauen und Kindern durch das Fenster.

John Jacob Astor half Mrs. Astor durch den Fensterrahmen und fragte, ob er bei ihr bleiben dürfe, sie sei ›in anderen Umständen‹.

»Nein, Sir«, erwiderte Lightoller, »keine Männer in die Boote, solange noch Frauen übrig sind.«

Astor fragte nach der Bootsnummer, und Lightoller sagte: »Nummer vier.« Colonel Gracie glaubte, Astor wolle nur später seine Frau leichter finden. Lightoller war sicher, Astor wolle ihm später Schwierigkeiten machen.

Nun waren die Ryersons dran. Arthur Ryerson bemerkte, daß die französische Zofe Victorine keine Schwimmweste trug. Schnell zog er die eigene aus und gurtete sie dem Mädchen um. Als Mrs. Ryerson ihren Sohn Jack durch das Fenster schob, rief Lightoller: »Der Junge kann nicht mit.«

Mr. Ryerson trat irritiert dazwischen.

»Natürlich kann der Junge mit seiner Mutter mit – er ist erst dreizehn.«

Man ließ es dabei. Lightoller brummte: »Keine Jungen mehr!«

Um 1 Uhr 55 wurde Nummer 4 abgefiert – genau fünf Meter tief. Mrs. Ryerson war entsetzt zu sehen, wie weit das Schiff gesunken war. Sie sah zu, wie das Wasser in die Öffnungen des C-Decks schoß und wie die Luxusmöbel der Kabinen darin herumschwammen. Dann sah sie hinauf zum Promenadendeck. Immer noch stand Mr. Ryerson mit Mr. Widener an der Reling und sah zum Boot hinunter. Sie schienen die Ruhe selber zu sein.

Gleich daneben hatte man das zusammenlegbare Boot D an den

Bis zum Zusammenstoß hatte es nur wenige Probleme gegeben. Zum Beispiel schien der Lese- und Schreibraum zu groß zu sein. Man wollte einen Teil des Raumes in weitere Suiten umbauen.

Davit von Nummer 2 gehängt, und man war dabei, es zu beladen. Es war keine Zeit zu verlieren. Die Lichter wurden schon rot. Irgendwo unten hörte man Porzellan scheppern. Thayer sah einen Mann mit einer Flasche Gordon's Gin vorbeihasten, ansetzen und austrinken.

Wenn ich hier jemals rauskomme, dachte er, dann ist eines sicher: den Mann sehe ich nie mehr. (In Wirklichkeit war er einer der ersten Überlebenden, die Thayer begegneten.)

Lightoller ging diesmal kein Risiko ein.

Die meisten Passagiere waren nach achtern geströmt. Da war *ein* Boot mit 47 Sitzplätzen für 600 Menschen. Er befahl der Mannschaft, sich einzuhaken, und ließ einen großen Kreis um das Boot bilden. Nur Frauen wurden durchgelassen.

Zwei Babys, Knaben, wurden von ihrem Vater über die Schultern der Matrosen gereicht und ins Boot gebracht. Der Vater trat zurück in die wartende Menge. Er nannte sich ›Mr. Hoffman‹ und sagte, er wolle Freunde in den Vereinigten Staaten besuchen. Sein richtiger Name war Navatril, und er hatte die Kinder entführt, um sie seiner geschiedenen Frau wegzunehmen.

Henry B. Harris, ein Theaterproduzent, brachte Mr. Hoffman zur Abgrenzung. Man sagte ihm, er könne nicht weiter mitkommen, und er seufzte.

»Ja, ich weiß, ich bleibe.«

Colonel Gracie eilte mit Mrs. John Murray Brown und Miß Edith Evans herbei, zwei von den fünf ›schutzlosen Frauen‹, denen er auf dieser Reise seine Dienste angetragen hatte. Er blieb an der Absperrung stehen. Die Frauen erreichten das Boot, als es gerade gefiert wurde. Miß Evans wandte sich an Mrs. Brown und sagte: »Steigen Sie ein, Sie haben Kinder, die auf Sie warten!«

Schnell half sie Mrs. Brown über die Reling.

Jemand schrie «Fier' weg!«, und um 2 Uhr 05 senkte sich Boot D – das allerletzte Boot – ohne Edith Evans.

Direkt darunter standen Hugh Woolner und Bjornstrom Steffanson allein an der Reling. Es war eine schwere Nacht gewesen. Sie hatten Mrs. Candee ins Boot gebracht, versucht, die Straus' zu retten, die Feiglinge aus Boot C gezerrt. Nun auf dem A-Deck suchten sie nach jemand, der ihre Hilfe brauchte, aber das Deck war leer – nur der rote Schein der verlöschenden Lichter war zu sehen.

»Hier wird's jetzt brenzlig«, bemerkte Woolner. »Lassen Sie uns durch die Tür bis ans Ende gehen.«

Sie liefen los und kamen an das Ende des Promenadendecks. Als sie dort anlangten, schwappte Meerwasser herein und näßte ihre Lackstiefel, bis herauf zu den Knien. Sie sprangen über die Reling. Drei Meter tiefer sahen sie Boot D vorbeigleiten. Jetzt oder nie.

»Laß uns springen«, schrie Woolner, »da ist noch genügend Platz am Bug.«

Steffanson hechtete nach dem Boot und landete kopfüber an Bord des Bootes. Sofort folgte Woolner, der halb heraushing. Im selben Moment klatschte Boot D auf das Wasser und fuhr los. Als es entschwand, rief Matrose Williams Lucas Miß Evans, die immer noch an Deck stand, zu: »Es wird ein neues Boot für Sie zusammengesetzt!«

6

»So ist es eben in solchen Zeiten!«

Nun waren alle Boote abgefahren, und eine seltsame Ruhe senkte sich auf die TITANIC. Die Aufregung und die Verwirrung ließen nach, und Hunderte von zurückgebliebenen Passagieren und Besatzungsmitgliedern standen schweigend auf dem oberen Deck. Alle drängten nach innen, möglichst weit weg von der Reling.

Jack Thayer blieb mit Milton Long auf der Steuerbordseite des Bootsdecks. Sie beobachteten die leeren Davits und benutzten sie als Meßlatte gegen den Himmel, um zu sehen, wie schnell sie sanken. Sie beobachteten die fruchtlosen Versuche, zwei zusammenlegbare Boote auf dem Dach der Offiziersquartiere flott zu machen. Sie sprachen über ihre Familien.

Thayer dachte an die guten Zeiten, die er erlebt hatte, und an all die zukünftigen Vergnügungen, die ihm nun versagt bleiben würden. Er dachte an Vater und Mutter, Schwester und Brüder. Er fühlte sich weit entfernt von allem, so als betrachte er alles von weither, von einem anderen Ort. Er tat sich entsetzlich leid.

Colonel Gracie, der etwas weiter weg stand, fühlte sich seltsam außer Atem. Später erklärte er etwas steif, es sei das Gefühl von *vox faucibus haesit* gewesen, wie es alle trojanischen Helden in unseren Schulbüchern zu nennen pflegten. Zu jener Zeit sagte er nur: »Lebt wohl ihr Lieben zu Hause!«

Im Funkraum gab es keine Zeit, weder für Selbstmitleid noch für *vox faucibus haesit.* Phillips saß immer am Gerät, aber die Energie war ziemlich schwach. Bride wartete draußen und sah zu, wie die Leute in den Offiziersquartieren und Turnsälen nach übrigen Schwimmwesten fahndeten.

Es war 2 Uhr 05, als Kapitän Smith den Funkraum zum letztenmal betrat.

»Männer, ihr habt eure Pflicht getan. Mehr könnt ihr nicht tun. Verlaßt den Funkraum. Jeder Mann ist nun auf sich gestellt.«

Phillips schaute für Sekunden auf und beugte sich erneut über das Gerät. Kapitän Smith versuchte es noch einmal.

»Kümmern Sie sich jetzt um sich selbst.« Er machte eine Pause und fügte leise hinzu: »So ist es eben in solchen Zeiten . . .«

*Offizier Henry T. Wilde nahm um o Uhr 05 den Befehl Kapitän Smith'
entgegen, die Rettungsboote klar zu machen.*

Phillips arbeitete weiter. Bride begann die Papiere zusammenzusuchen. Kapitän Smith kehrte zurück auf das Bootsdeck, ging
herum und sprach hier und da freundlich mit den Leuten.

Zu Heizer James McGann sagte er: »So, Jungs, jeder für sich
jetzt!«

Zu Steward Edward Brown: »Mein Junge, tut, was ihr könnt, für Frauen und Kinder und sorgt für euch selbst.«

Zu den Matrosen auf dem Dach der Offiziersquartiere: »Schon recht, Kinder, ihr habt eure Pflicht getan. Jetzt ist sich jeder Mann selbst der nächste.«

Damit kehrte er zurück auf die Brücke.

Einige nahmen den Kapitän beim Wort und sprangen über Bord. Der Nachtbäcker Walter Belford sprang so weit er konnte und ließ sich in sitzender Stellung, den Hintern zuerst, ins Wasser plumpsen. Heute noch schaudert er und zieht scharf die Luft ein, wenn er sich erinnert, wie kalt das Wasser war. Schmierer Fred Scott, der gerade aus Kesselraum 4 kam, versuchte das leere Fallreep hinunterzurutschen, verlor seinen Halt und landete mit dem Bauch zuerst im Wasser. Boot 4 griff ihn auf. Es hatte sich noch nicht entfernen können, weil die Fässer und Deckstühle, die herumschwammen, ihm den Weg versperrten. Steward Cunningham sprang so weit er konnte, und auch er erreichte Boot 4.

Aber der größte Teil der Mannschaft blieb an Bord. Auf dem

Der Funkraum auf der TITANIC *mit Harold Bride, dem zweiten Funker, am Gerät. Das Foto stammt von Pfarrer F. M. Browne, S.J., der mit dem Schiff nach Queenstown fuhr.*

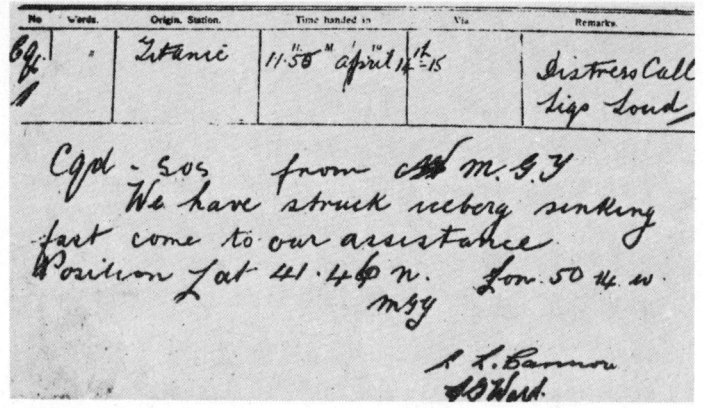

No.	Words.	Origin. Station.	Time handed in	Via	Remarks.
69.		Titanic	11.55 M april 14th-15		Distress Call
1					sig Loud

Cqd - SOS   from   ss M.G.Y
We have struck iceberg sinking
fast come to our assistance
Position Lat 41.46 n.   Lon. 50.14 w.
                    MGY
                    J. L. Barron
                    13 Ward.

Um o Uhr 15 funkte die TITANIC *um Hilfe. Hier haben wir einen
Funkspruch, wie er von der* BIRMA *aufgefangen wurde. Sie war zu
diesem Zeitpunkt 100 Meilen entfernt.*

Dach der Offiziersquartiere entdeckte Lightoller den Heizer Hemming, der immer noch versuchte, das zusammenlegbare Boot
zusammenzusetzen. Hemming hätte schon lange als Besatzung
von Boot Nummer 6 in Sicherheit sein sollen.

»Warum sind Sie nicht schon längst unterwegs, Hemming?«
»Ach, Sir, ist noch genügend Zeit!«

Nicht weit davon entfernt beobachteten zwei junge Stewards
Lightoller, Hemming und die anderen. Im schwindenden Licht
konnte man ihre weißen gestärkten Jacken deutlich unterscheiden. Sie lehnten an der Reling und debattierten, wie lange das
Schiff es noch schaffen würde. Etwa 15 Pikkolos der ersten
Klasse trieben sich auf dem Deck herum und freuten sich, jetzt
ungerügt rauchen zu dürfen. Dicht daneben erklärte Sportlehrer
T. W. McCawley, ein kleiner knorriger Mann im weißen Flanell-
anzug, warum er keine Schwimmweste zu tragen gedenke: Sie
halte einen über Wasser, das ja, aber sie behindere einen zur
gleichen Zeit, schneller voranzukommen. Er glaube, er könne
ohne sie schneller schwimmen.

Am vorderen Ende der großen Treppe zwischen dem ersten
und dem zweiten Schornstein spielte die Band noch immer Ragtime. Die Spieler hatten nun alle Schwimmwesten über ihre Män-

tel gezogen, das verminderte ihren heißen Rhythmus jedoch überhaupt nicht.

Die Passagiere verhielten sich gelassen, aber auch in ihren Reihen gab es ein paar ›Springer‹. Frederick Hoyt geleitete seine Frau zum zerlegbaren Boot D, sprang dann und schwamm dorthin, wo er glaubte, daß das Boot vorbeikommen müsse. Er hatte richtig geraten. Minuten später kam Boot D und nahm ihn auf. Den Rest der Nacht pullte er wie besessen, um nicht zu erfrieren.

Die meisten Passagiere aber standen an Bord oder gingen auf und ab. Die New Yorker und die Philadelphia-Gesellschaft hielt sich weiter zusammen – John B. Thayer, George und Harry Widener und Duane Williams bildeten eine dichte Gruppe. Colonel Gracie und Clinch Smith, beide nicht ganz so strahlende Gesellschaftslöwen, hielten sich am Rande. Astor sonderte sich ab, und die Familie Straus hatte sich auf Deckstühlen niedergelassen.

Jack Thayer und Milton J. Long diskutierten, ob sie springen sollten. Der Davit, der ihnen als Winkelmesser diente, zeigte, daß die TITANIC immer schneller sank. Thayer wollte springen, eine Leine von den Rettungsbooten greifen und an ihr herunterrutschen, dann wollte er zu den Booten hinausschwimmen, die er schwach sehen konnte. Er war ein guter Schwimmer. Long, der nicht halb so gut schwimmen konnte, argumentierte gegen den Plan und überredete Thayer zu bleiben.

Weiter vorn lieh Colonel Gracie den Männern, die mit dem zusammenlegbaren Boot kämpften, sein Taschenmesser. Sie schafften es einfach nicht, und Gracie wunderte sich darüber.

Einige Passagiere der dritten Klasse hatten sich mittlerweile auf das Bootsdeck durchgeschlagen, und andere strebten dem sich immer weiter aus dem Wasser hebenden Heck zu. Das Achterdeck, das sowieso zur dritten Klasse gehörte, füllte sich mit Menschen.

Olaus Abelseth war einer der Männer, die das Bootsdeck erreichten. Den ganzen Abend hatte er sich bei seinem Cousin und seinem Schwager aufgehalten, zusammen mit den beiden Norwegerinnen waren sie wie viele Zwischendeckpassagiere ziellos umhergeirrt und hatten auf irgendwelche Anweisungen gewartet.

Gegen 1 Uhr 30 öffnete ein Offizier die Sperre zur ersten Klasse und befahl: »Alle Frauen auf das Bootsdeck!«

Um 2 Uhr durften auch die Männer nach oben. Viele zogen es nunmehr vor, zu bleiben, wo sie waren – denn hier würde sie das Wasser zuletzt erreichen, das war klar. Aber Abelseth, sein Cousin und sein Schwager gingen nach oben, in der Hoffnung, doch noch ein Boot erreichen zu können. Das letzte aber stach soeben in See.

Da standen sie nun und fühlten sich unbehaglich, weil sie in der ersten Klasse waren, und unbehaglich der Gründe wegen, die sie dorthin geführt hatten. Abelseth sah zu, wie die Mannschaft immer noch versuchte, das Boot D flottzumachen. Einmal rief ein Offizier, der Hilfskräfte suchte: »Gibt's Matrosen hier? Bitte, melden Sie sich!«

Abelseth hatte sechzehn seiner 27 Jahre auf See verbracht und wollte sich melden. Aber sein Cousin und sein Schwager flehten: »Nein, laß uns hier zusammenbleiben!«

Das taten sie dann auch. Sie fühlten sich verlegen und sprachen wenig. Noch verlegener wurden sie allerdings, als das alte Ehepaar Straus zu ihnen trat.

»Bitte«, sagte der alte Herr, »laß dich retten. Nimm ein Boot.«

»Nein, laß mich bei dir bleiben«, sagte sie und blickte zur Seite.

Im Schiffinneren spielte sich das stumme Drama der verlassenen Räume ab. Die Kristalleuchter des Nobelrestaurants *à la carte* hingen in einem seltsamen Winkel von der Decke und leuchteten noch immer strahlend. Auch jetzt noch glänzte die hellbraune Wandtäfelung aus französischem Walnußholz und der weiche rosenrote Teppich. Auf den Tischchen waren ein paar der kleinen Lampen mit den rosa Schirmen umgefallen, und in der Speisekammer rumorte jemand auf der Suche nach einem ›Stärkungsmittel‹.

Die Louis-quinze-Halle mit dem riesigen Kamin lag still und verlassen, desgleichen der Palmenhof. Schwer zu glauben, daß hier noch vor vier Stunden elegante Damen und Herren promenierten oder ihren Abendmokka schlürften und daß dieselben Männer, die jetzt auf Deck so wilde Lieder intonierten, Kammermusik gespielt hatten.

Der Rauchsalon war nicht gänzlich verlassen. Als der Steward um 2 Uhr 10 hineinsah, war er erstaunt, Thomas Andrews dort zu finden, der ganz allein, in Gedanken versunken, hinausblickte. Andrews' Schwimmweste lag achtlos über einem Spieltisch. Seine Arme hatte er über der Brust gekreuzt. All seine

Energie schien wie weggeblasen. Verwundertes Schweigen, dann fragte der Steward schüchtern: »Wollen Sie nicht versuchen, sich zu retten, Mr. Andrews?«

Keine Antwort, nicht einmal eine Bewegung des Kopfes. Der Erbauer der TITANIC starrte stumm nach achtern.

Draußen auf Deck wartete eine riesige Menge, und noch immer spielte die Band. Einige Leute beteten laut mit Reverend Thomas R. Byles, einem Passagier der zweiten Klasse. Andere schienen in Gedanken verloren.

Es gab einiges, um das man sich Gedanken machen konnte. Kapitän Smith hatte an diesem Tag vier Warnungen vor Eisbergen erhalten – eine fünfte, die ihn vielleicht nicht erreichte, hatte genauestens angegeben, wo er den Eisberg zu erwarten hatte. Und dann war da das Thermometer, das von 6,1° Celsius um 19 Uhr auf 1,1° um 22 Uhr fiel. Und die Meerestemperatur, die um 22 Uhr 30 erheblich sank.

Der Funker Jack Phillips konnte über die sechste Eisbergwarnung grübeln, die die CALIFORNIAN um 23 Uhr durchgegeben hatte, als Phillips ihr sagte, sie sollte die Schnauze halten. Die hatte die Brücke nie erreicht.

George Q. Clifford aus Boston konnte mit trauriger Genugtuung daran denken, daß er vor der Reise eine Zusatzlebensversicherung über 50 000 Dollar abgeschlossen hatte.

Für Isidor Straus blieb die Ironie seines Testaments. Ein spezieller Paragraph drängte Mrs. Straus dazu, ›etwas mehr an sich selbst zu denken. Denke nicht immer nur an die anderen!‹ All die Jahre hatte sie sich für andere aufgeopfert, und er wünschte sich sehnlichst, sie möge, wenn er tot sei, ihr Leben genießen. Nun versagten ihm eben diese von ihm bewunderten Eigenschaften seiner Frau gerade seinen sehnlichsten Wunsch.

Auch Kleinigkeiten konnten in solchen Momenten einen Menschen verfolgen. Edith Evans erinnerte sich an einen Kartenleger, der ihr geraten hatte, ›sich vor dem Wasser in acht zu nehmen‹. William T. Stead wurde von einem Traum gepeinigt, in dem jemand Katzen aus dem Fenster eines Kaufhauses schleuderte. Charles Hays hatte erst vor wenigen Stunden prophezeit, »der große Augenblick für eine gigantische Katastrophe auf See ist nunmehr gekommen.«

Zwei Männer fragten sich, warum sie überhaupt mitgefahren waren: Archie Butt, der gar nicht vorhatte zu reisen, aber einen

Urlaub nötig hatte, und Frank Millet, der Präsident Taft bestürmt hatte, ihn mit einer Botschaft zum Papst zu schicken – eine Geschäftsreise, aber auch Rom im Frühling. Und Hauptoffizier Wilde, der gar nicht an Bord geplant gewesen war – er fuhr regulär auf der OLYMPIC –, den aber die White Star Line in letzter Minute zu dieser Reise bestimmt hatte. Man glaubte, seine Erfahrungen würden bei der Jungfernfahrt von großem Nutzen sein. Wilde hatte sich glücklich geschätzt.

Im Funkraum kämpfte Phillips darum, das Funkgerät in

Spezialkabine B-59, im holländischen Stil eingerichtet. Für viele Passagiere, die in solchen Prachträumen wohnten, war das höfliche Klopfen eines Stewards das erste Anzeichen des Unglücks.

Betrieb zu halten. Um 2 Uhr 10 funkte er zwei V's. Die VIRGINIAN hörte es ganz schwach, als er versuchte, das Gerät zu testen. Bride machte einen Rundgang. Als er zurückkam, fand er eine ohnmächtige Dame, die man hereingetragen hatte. Bride brachte ihr einen Stuhl und ein Glas Wasser. Ihr Mann fächelte der keuchenden Frau Luft zu. Sie kam zu sich, und der Mann führte sie hinaus.

Bride verschwand hinter dem Vorhang, wo er mit Phillips schlief, und steckte alles Geld ein. Er besah sein zerwühltes Bett

und trat wieder in den Funkraum. Phillips saß noch immer völlig absorbiert über dem Gerät, aber nun war ein Heizer im Raum, der Phillips behutsam die Schwimmweste anlegen wollte.

Bride stürzte sich auf den Heizer, Phillips sprang auf, und die drei Männer rangen miteinander. Endlich umfaßte Bride den Mann, und Phillips schlug wieder und wieder zu, bis der Mann in sich zusammensackte.

Minuten später hörten sie die See über das A-Deck schlagen und gegen die Brücke lecken. Phillips rief: »Komm raus hier!«

Er ließ den Heizer fallen, und die beiden rannten auf das Bootsdeck. Der Heizer blieb liegen.

Phillips verschwand nach achtern. Bride gesellte sich zu den Männern, die auf dem Dach des Offiziersquartiers an den Booten A und D bastelten. Es war ein lächerlicher Ort, um Boote aufzubewahren – besonders, wenn man für 2207 Menschen nur zwanzig zur Verfügung hatte. Das Deck war nun so abschüssig, daß es schon schwierig gewesen war, C und D ins Wasser zu setzen, die neben den Davits im Vorderschiff gelagert waren. Mit A und B schien die Aufgabe unlösbar.

Aber die Mannschaft ließ sich nicht entmutigen. Wenn man die Boote nicht ablassen konnte, konnten sie vielleicht einfach wegschwimmen.

Auf der Backbordseite kämpfte Hemming mit dem Flaschenzug für Boot B. Hätte er nur eine Lücke ins Fallreep sägen können, er hätte das Boot ablassen können, dessen war er sicher. Endlich stimmten die Seile. Er reichte den Flaschenzug hinauf zum Sechsten Offizier Moody, der auf dem Deck stand. Der rief zurück: »Wir brauchen keinen Flaschenzug, das Boot bleibt auf Deck!«

Hemming glaubte, daß auf diese Weise das Boot nicht seeklar zu machen sei. Er sprang ins Wasser und schwamm. Mittlerweile hatte man das Boot auf ein paar Riemen rollend zum Deck geschafft. Es landete kieloben.

◄ *Die Behaglichkeit dieser Wohnräume auf dem B-Deck läßt einen verstehen, warum so viele Passagiere erster Klasse widerstrebend ihre Schwimmwesten umbanden und an Deck erschienen. Man war stolz auf besondere Annehmlichkeiten wie zum Beispiel elektrische Heizgeräte und Bettdecken. Auch die Preise waren stolz: 1 520 Dollar für einen Raum; im Preis inbegriffen war allerdings eine angrenzende, nach innen gelegene Kabine für einen persönlichen Bediensteten.*

Auf der Steuerbordseite gab es mit Boot A ebensoviele Schwierigkeiten. Jemand stellte Bretter schräg gegen die Wand der Offiziersquartiere, und man ließ das Boot, Bug voran, hinuntergleiten. Aber noch immer fehlte ein gutes Stück, denn die TITANIC senkte sich nun über Backbordbug, und man konnte das Boot schwer bergauf zum Rand des Decks schieben.

Die Männer hingen an beiden zusammenlegbaren Booten, zerrten und hoben, als die Brücke um 2 Uhr 15 im Wasser verschwand und eine Weile achtern das Bootsdeck entlangrollte.

Colonel Gracie und Clinch Smith machten sich eilig zum Heck auf. Nach ein paar Schritten umbrandete sie eine große Menschenmenge, offenbar alles Passagiere aus dem Zwischendeck, die von unten heraufdrängten.

In diesem Augenblick klopfte Bandleader Hartley an seine Violine. Der Ragtime verstummte. Die ersten Takte der episkopalischen Hymne ›Autumn‹ klangen über das Deck und schwebten hinaus über das ruhige Wasser.

In den Booten hörten die Frauen mit Erstaunen die Musik vom Schiff. In der Ferne war dieser Augenblick von erdrückender Feierlichkeit. Von der Nähe hingegen lag die Sache anders.

Die Leute hörten zwar die Musik, kümmerten sich aber nicht allzusehr darum, zu viel ereignete sich.

»Oh, retten Sie mich, retten Sie mich!« flehte eine Dame Peter Daly an. Er war der Vertreter der Londoner Firma Haes und Söhne in Lima. Das Wasser umspülte bereits seine Beine.

»Gute Frau«, antwortete er, »retten Sie sich selbst. Nur Gott kann uns jetzt noch retten.«

Aber sie bettelte weiter, er solle ihr helfen, zu springen, und es wurde ihm klar, daß auch er dieses Problem nicht so einfach beiseite schieben konnte. Schnell packte er sie am Arm und half ihr über die Reling. Als er selbst sprang, schwappte eine große Welle ihn vom Schiff weg aufs Meer hinaus.

Die See schäumte und strudelte um Steward Browns Füße, als er schwitzend versuchte, Boot A über den Rand des Decks zu schieben. Plötzlich merkte er, daß dies nun nicht mehr vonnöten war – das Boot schwamm bereits. Er sprang hinein, kappte die Heckseile und rief jemandem zu, er solle die Bugleine kappen. Im nächsten Augenblick packte ihn dieselbe Woge, die auch Peter Daly ergriff und schwemmte ihn weg.

Der Bug der TITANIC tauchte nun tiefer und tiefer ins Wasser.

Das Bootsdeck, zum Bug hin fotografiert. Die Boote steuerbords trugen ungerade Zahlen, von der Brücke aus gezählt. Deshalb haben wir hier die Boote 9, 11 und 13 vor uns – alle wurden erst zuletzt abgefiert.

Langsam hob sich das Heck aus dem Wasser. Auch schien es, als bewege sich das Schiff langsam nach vorn. Diese Bewegung hatte wohl auch die Welle erzeugt, die Daly, Brown und ein Dutzend andere mitschwemmte, als sie nach achtern rollte.

Lightoller beobachtete das alles vom Dach der Offiziersquartiere aus. Er sah, wie die Menschenmenge vor der Welle zurückwich, sah, wie die Behenden und Starken entkamen und wie die Langsamen umspült und weggerissen wurden. Er wußte, das Warten bedeutete, die Qualen zu verlängern. Er drehte sich zur Bugseite und sprang ins Wasser. Als er die Oberfläche des Wassers erreichte, hatte er das Krähennest, nun auf Wasserebene, direkt vor der Nase. Einen Augenblick lang überkam ihn ein instinktiver Überlebenswille, und er schwamm darauf zu, als ob er dort in Sicherheit wäre.

Dann kam er zu sich und versuchte, so schnell er konnte, vom Schiff wegzuschwimmen. Aber die See stürzte nun in die Ventilationsöffnungen, die vor den vorderen Schornsteinen lagen, und saugte ihn mit. Er wurde gegen das Gitter eines Lüftungsschach-

1. MR. J. CLARKE, OF LIVERPOOL.
2. MR. P. C. TAYLOR, OF CLAPHAM.
3. MR. G. KRINS, OF BRIXTON, SOMETIME OF THE RITZ HOTEL ORCHESTRA. 4. MR. W. HARTLEY (BANDMASTER), OF DEWSBURY. 5. MR. W. T. BRAILEY, OF NOTTING HILL.
6. MR. J. HUME, OF DUMFRIES. 7. MR. J. W. WOODWARD, OF HEADINGTON, OXON.

Die Band der TITANIC *spielte unter Wallace Hartley Ragtime, während die Boote gefiert wurden.*

tes gedrückt. Er betete darum, daß das Gitter halten möge und fragte sich, wie lange er so, an das Gitter gepreßt, durchhalten könne.

Das hat er nie erfahren. Aus dem Inneren des Schiffs, von irgendwo tief unten, kam ein Schwall heißer Luft und blies ihn an die Oberfläche. Keuchend und Wasser hustend gelang es ihm wegzupaddeln.

Colonel Gracie war nicht so see-erfahren. Er blieb in der Menge und sprang mit den anderen, als die Welle kam – fast wie Newport. Sie hob ihn hoch, und im Vorbeitreiben ergriff er den unteren Teil des Geländers auf dem Dach der Offiziersquartiere. Er stemmte sich hoch und lag bäuchlings am Fundament des zweiten Schornsteins.

Ehe er auf die Füße kam, verschwand das Dach im Wasser. Gracie wurde in einem Strudel wie irrsinnig um sich selbst gedreht. Er versuchte, sich am Gitter zu halten, und merkte, daß er so nur tiefer ins Wasser gezogen wurde. Mit einem kräftigen Stoß löste er sich vom Schiff. Unter der Oberfläche schwamm er so schnell er konnte, um dem Sog des sinkenden Schiffes zu entgehen.

John Collins konnte nicht viel unternehmen, als die große Welle kam. Er hatte ein Baby auf dem Arm. Seit fünf Minuten hatte er zusammen mit dem Decksteward versucht, einer Frau mit zwei Kindern beizustehen. Erst hieß es, am Bug gäbe es noch ein Boot. Sie rannten los. Dann hieß es, das Boot wäre an Steuerbord. Als sie dort ankamen, sagte jemand, das beste wäre wohl, zum Heck zu gehen. Collins hatte das Baby auf dem Arm, als die große Welle kam. Sie wurden alle von Bord gespült. Er hat die anderen nie wieder gesehen, und das Wasser riß ihm das Kind aus den Armen.

Auch Jack Thayer und Milton Long sahen die Welle kommen. Sie standen an der Steuerbordreling gegenüber dem zweiten Schornstein und versuchten, sich nicht von der zum Heck drängenden Menge mitreißen zu lassen. Statt weiter vor dem steigenden Wasser zu fliehen, hatten sie beschlossen, ins Meer zu springen und zu schwimmen. Sie gaben sich die Hand und wünschten sich Glück. Long hängte die Beine über die Reling. Thayer saß rittlings darauf und zog seinen Mantel aus. Long beugte sich schon hinaus und hielt sich mit den Händen am Geländer. Er sah zu Thayer und fragte: »Kommst du, mein Junge?«

»Geh schon vor, ich komme gleich nach«, beruhigte ihn Thayer.

Long ließ sich mit dem Gesicht zum Schiffskörper hinabgleiten. Zehn Sekunden später schwang Thayer sein zweites Bein über die Reling und saß so mit dem Blick auf das Meer, etwa dreieinhalb Meter über der Wasseroberfläche. Dann stieß er sich ab und sprang mit aller Kraft, so weit er konnte.

Thayers Methode, das Schiff zu verlassen, sollte sich als die erfolgreichere erweisen.

Die Woge erreichte Olaus Abelseth, der neben dem vierten Schornstein stand, in sehr ungünstiger Position. Statt ins Wasser zu tauchen, hob sich dieser Teil des Schiffes weiter und weiter aus dem Wasser.

Das Heck stieg höher und höher, Abelseth hörte Krachen und Splittern, gedämpftes Knallen, Scheppern von Glas, Klappern von rutschenden und aufprallenden Deckstühlen.

Nun hatte das Deck solche Lastigkeit, daß die Menschen nicht mehr stehen konnten. Sie begannen abzurutschen. Abelseth beobachtete, wie sie vom Deck ins Wasser glitten. Er und seine Verwandten klammerten sich an die Seile eines Kranes.

»Jetzt sollten wir besser springen, sonst saugt uns der Strudel nach unten.«

»Nein«, sagte Abelseth, »noch springen wir nicht.«

»Wir müssen *jetzt* springen!«

Diesmal ein Schrei. Aber Abelseth blieb fest.

»Nein, noch nicht.«

Fünf Minuten später war das Wasser nur noch etwas über einen Meter unter ihnen. Die drei Männer faßten sich an den Händen und sprangen. Hustend tauchten sie auf. Abelseth war hoffnungslos in irgendein treibendes Tau verwickelt. Er mußte seine Hände freimachen, um sich herauszuwickeln. Die beiden anderen wurden fortgespült. Irgendwie kam er frei und sagte zu sich: Mit mir ist's aus.

Der Strudel riß alles mit sich: Taue, Stühle, Planken. Was passierte mit den Menschen? Niemand weiß es genau zu sagen. Von den Booten aus sah man sie wie Ameisen ans Bootshaus geklammert, das Heck hob sich immer mehr. Selbst von der Nähe war schwer zu erkennen, was passierte, obgleich – schier unglaublich – immer noch alle Lichter brannten.

Um Archie Butts Ende haben sich viele Geschichten gerankt – alle heldenhaft, und keine kann bestätigt werden.

Eine Zeitung schrieb, Miß Marie Young, die Musiklehrerin von Teddy Roosevelts Kindern, habe ihn rufen hören: »Goodbye, Miß Young, grüßen Sie alle Lieben zu Hause!«

Aber dieselbe Zeitung hatte auch berichtet, Miß Young habe stundenlang vor dem Zusammenstoß bereits einen Eisberg gesehen.

In einem Interview mit Mrs. Henry B. Harris wurde Archie Butt als Inbegriff des starken Mannes beschrieben, der seine Fäuste zu gebrauchen wußte – aber auch, wenn nötig, den großen Bruder spielen konnte, je nachdem, wie er mit den Schwächlingen umgehen mußte. Doch Lightoller, Gracie und die anderen, die die Rettungsboote bedienten, haben ihn nie gesehen. Mrs. Walter Douglas erinnert sich, ihn um 1 Uhr 45 neben Boot 2 gesehen zu haben. Er stand ganz still am Rande der Menge.

Dasselbe gilt für John Jacob Astor. Der Friseur August H. Weikman beschrieb seine letzte Stunde mit dem Millionär. Seltsamerweise glich die Unterhaltung in ihrem Plauderstil ganz den Gesprächen, die man in einem Friseursalon führt.

»Ich habe ihn gefragt, ob er mir die Hand geben wolle«, weiß Weikman zu berichten. »Er sagte: ›Aber gern.‹«

Doch Friseur Weikman sagte auch, er habe das Schiff gegen 1 Uhr 50 verlassen, eine gute halbe Stunde vor dem Ende.

Butts und Astors Ende wurde von nur einer Zeitung beschrieben. Washington Dodge, ein Steuerbeamter aus San Francisco, erzählte: »Seite an Seite gingen sie in den Tod. Sie standen auf der Brücke, ich kann mich nicht getäuscht haben.«

Und doch – Dr. Dodge hatte sich zu dieser Zeit eine halbe Meile entfernt in Boot 13 aufgehalten.

Auch weiß kein Mensch, was mit Kapitän Smith geschah. Manche behaupten, er habe sich erschossen, doch dafür gibt es keine Beweise. Kurz vor dem Ende sah Steward Edward Brown ihn zur Brücke gehen. Er hatte immer noch sein Megaphon in der Hand. Minuten später trat Hemming auf die Brücke und fand sie leer. Nachdem die TITANIC gesunken war, sah Heizer Harry Senior ihn im Wasser schwimmen, ein Kind im Arm. Wenn man all das zusammenträgt, paßt es weit mehr als Selbstmord auf die Kämpfernatur Smith.

Von keinem Auge mehr gesehen, fiel alles in einem unvorstellbaren Chaos zusammen, als sich das Schiff immer tiefer ins Wasser bohrte. Die Töne von ›Autumn‹ wurden unter stürzenden Musikern und fallenden Instrumenten begraben. Die Lichter verlöschten, blitzten noch einmal auf und verlöschten ganz. Nur eine einsame Kerosinlampe flackerte noch am Achtermast.

Gedämpfte Schläge und das Splittern von Glas wurden laut. Ein gleichmäßiges Brüllen erhob sich und rollte über das Wasser, als langsam alles in Stücke brach und weggerissen wurde.

Noch nie zuvor hatten so seltsame Gegenstände im Wasser gewirbelt: 29 Kessel – die mit Edelsteinen geschmückte Kopie der ›Rubáiyát‹ – 800 Kisten mit geschälten Walnüssen – 15 000 Flaschen Bier und Ale – riesige Ankerketten, jedes Glied knapp 160 Pfund schwer – 30 Kisten mit Golfschlägern und Tennisbällen für A. G. Spalding – Eleanor Wideners Aussteuer – viele Tonnen Kohle – Major Peuchens Blechbüchse – 30 000 frische Eier – Dutzende von Palmen – fünf riesige Konzertflügel – die kleine Standuhr aus B-38 – eine Entenpresse aus massivem Silber – Schrankkoffer, Efeutöpfe und die Korbstühle des Café Parisien – Shuffleboard-Schläger – das Schaltbrett für 50 Telefone – zwei Maschinen zur Energieumwandlung und die revolutionäre Niederdruckturbine – 8 Dutzend Tennisbälle für R. F. Downey & Co. – ein Helm aus China für Tiffany, eine Schachtel Handschuhe für Marshall Field – die fabelhafte Eismaschine vom G-Deck – Billy Carters neuer französischer Renault – die 16 Koffer der Familie Ryerson, die Victorine so wunderschön gepackt hatte.

Als die Schräge immer steiler wurde, brach der Schornstein auf dem Vorschiff. Er fiel auf der Steuerbordseite ins Wasser und landete dort in einem Funkenregen und mit lautem Knall, was trotz des allgemeinen Lärms deutlich zu hören war. Schmierer Walter Hurst, der in den tosenden Wellen um sein Leben schwamm, wurde vom Ruß geblendet. Aber er hatte Glück – andere Schwimmer wurden unter Tonnen von Stahl begraben. Für Lightoller, Bride und mehrere andere, die sich an das umgeschlagene Boot 8 klammerten, war der stürzende Schornstein ein Segen. Er verfehlte knapp das Boot und schleuderte es zehn Meter weit von dem absaufenden, sich drehenden Schiffsrumpf weg.

Die TITANIC stand nun vom dritten Kamin achtern an senkrecht im Wasser, ihre drei Propellerschrauben glänzten in der Dunkelheit. Lady Duff Gordon fand, das Schiff habe wie ein schwarzer Finger ausgesehen, der gen Himmel weise. Harold Bride kam sie wie eine tauchende Ente vor.

Die Menschen in den Booten trauten ihren Augen nicht. Zwei Stunden lang hatten sie das Schiff beobachtet, hatten wider alle

Stewardeß Annie Robinson, die es ›ziemlich gemein‹ fand, eine Schwimmweste anzulegen. »Wenn Ihnen Ihr Leben lieb ist, ziehen Sie sie an«, verordnete ihr Thomas Andrews.

Vernunft gehofft, selbst dann noch, als die Titanic tiefer und tiefer sank. Das Wasser erreichte die grünen und roten Seitenlichter, und da wußten es alle: das war das Ende. Aber niemand hatte es sich so vorgestellt, dieses entsetzliche Getöse, diesen schwarzen Rumpf, der senkrecht aus dem Wasser ragte, dahinter der hellgestirnte Himmel, wie auf einer Weihnachtspostkarte. Einige wollten es gar nicht sehen. Im Boot C beugte sich Präsident Bruce Ismay tief über die Riemen. Er konnte es nicht ertragen, dieses Schiff absaufen zu sehen. Im Boot Nummer 1 drehte sich C. E. Henry Stengel weg.

»Ich halt's nicht mehr aus.«

In Boot Nummer 4 barg Elizabeth Eustis ihr Gesicht in den Händen.

Zwei Minuten verstrichen, und allmählich legte sich das Getöse. Die Titanic senkte sich im Heck noch einmal ein wenig, dann ging sie in einem steilen Winkel unter. Als die See den Flaggstock am Heck erreichte, war sie so schnell, daß sie ein leichtes Schmatzen verursachte.

»Jetzt ist sie dahin, das ist das letzte, was wir von ihr gesehen haben«, seufzte jemand neben dem Ausguck Lee in Boot 13.

»Es ist weg«, hörte Mrs. Ada Clark jemanden vage in Boot 4 äußern. Aber ihr war so kalt, daß sie sich nicht darum kümmerte. Den meisten anderen Frauen ging es ähnlich – sie hockten betäubt und verwirrt da, ohne irgendwelche Gefühlsregungen zu zeigen. In Boot Nummer 5 sah der Dritte Offizier Pitman auf die Uhr und verkündete: »Es ist 2 Uhr 20.«

Zehn Meilen entfernt auf der CALIFORNIAN sahen der Zweite Offizier Stone und Matrose Gibson das fremde Schiff langsam verschwinden. In den letzten Nachtstunden hatte sie dieses Schiff unterhalten – wie es immer wieder Raketen abschoß und auf dem Wasser stillag.

Gibson sagte, er glaube nicht, daß die Raketen zum Spaß abgefeuert würden. Stone teilte diese Ansicht.

»Ein Schiff auf See feuert nicht grundlos Raketen ab.«

Um 2 Uhr schienen die Lichter am Horizont zu verschwinden, und die Männer glaubten, daß es nun wegfahre.

»Ruf den Kapitän«, befahl Stone. »Sag ihm, das Schiff verschwindet nach Südwesten. Und sag auch, es hat insgesamt acht Raketen abgefeuert.«

Gibson marschierte in den Kartenraum und gab die Botschaft weiter. Kapitän Lord fragte verschlafen von seiner Couch: »Alles weiße Raketen?«

Gibson bejahte. Lord fragte nach der Zeit. Gibson erwiderte, es sei 2 Uhr 05 auf der Uhr im Steuerhaus. Lord drehte sich um und schlief weiter. Gibson ging wieder auf die Brücke.

Um 2 Uhr 20 stellte Stone fest, daß das andere Schiff nun wirklich weg war. Um 2 Uhr 40 wollte er das dem Kapitän selbst sagen. Er brüllte die Sprechröhre hinunter und beobachtete weiterhin die stille Nacht.

7

»Das war Ihr schönes Nachthemd!«

Die See schlug über der TITANIC zusammen. Lady Cosmo Duff Gordon in Boot 1 sagte zu ihrer Sekretärin, Miß Francatelli: »Ihr schönes Nachthemd – da geht es hin!«

Weit mehr als Miß Francatellis Nachthemd ging in dieser Aprilnacht verloren. Mehr als das größte Schiff der Welt und das Leben von 1502 Menschen.

Von da an hat der Mensch nie wieder Schiffe ins Eis geschickt, ohne auf Warnungen zu achten und sich ganz auf ein paar tausend Tonnen Stahl und Holz zu verlassen. Von da an nahmen die Atlantikfahrer die Eiswarnungen ernst, steuerten anderen Kurs oder verlangsamten die Fahrt. Niemand glaubte mehr an ein ›unsinkbares‹ Schiff.

Kein Eisberg darf mehr unbewacht im Meer schwimmen. Nach dem Untergang der TITANIC riefen die amerikanische und die englische Regierung die International Ice Patrol ins Leben. Heute drängen Küstenschutzboote die Eisberge, die sich in die Schifffahrtsrinne verirren, zur Seite. Die Winterfahrrinne wurde weiter nach Süden verlegt.

Es gab auch keine Schiffe mehr, die nur gelegentlich Funkdienst unterhielten. Von da an besaß jedes Passagierschiff eine rund um die Uhr besetzte Funkstation. Es durfte nicht mehr vorkommen, daß ein Cyril Evans den Schlaf der Gerechten schlief – nur zehn Meilen vom Ort der Katastrophe entfernt.

Es war auch das Ende einer Zeit, die beim Beladen der Boote Rettungsboote auf Große Fahrt ging. Die 46 328 Tonnen schwere TITANIC war mit hoffnungslos veralteten Sicherheitsvorrichtungen ausgerüstet gewesen. Eine absurde Regelung der Seefahrt schrieb vor: Alle englischen Schiffe über 10 000 Tonnen mußten 16 Rettungsboote mit einem Fassungsvermögen von 5000 Kubikfuß an Bord haben, dazu genügend Flöße, um 75 Prozent des Fassungsvermögens der Rettungsboote aufnehmen zu können.

Für die TITANIC mit ihren 9625 Kubikfuß bedeutete das Rettungsboote für nur 962 Menschen. In Wirklichkeit führte sie Boote für 1178 Menschen mit sich. Die White Star Line beklagte sich, daß man diese Voraussicht nicht genügend würdigte. Wie dem auch sei, damit waren nur 50 Prozent der 2207 Menschen an Bord versorgt und 30 Prozent ihres Totalfassungsvermögens erreicht. Von da an waren die Regeln ziemlich einfach – Boote für alle.

Es war auch das letztemal, daß ein Schiff ohne genügend Klassenunterschiede machte. Die White Star Line verwahrte sich gegen Vorwürfe dieser Art, und die Untersuchungskommission teilte ihre Auffassung. Und doch, überwältigende Beweise besagten, daß man die Dritte-Klasse-Passagiere schlechter behandelt hatte, etwa Daniel Buckley, den man nicht nach oben lassen wollte, oder Olaus Abelseth, der erst auf das Bootsdeck durfte, als das letzte Boot abfuhr. Dann Steward Hart, der mit kleinen Trupps von Frauen nach oben kam und hundert weitere unten zurückließ – Zwischendeckpassagiere, die den Ladebau entlang auf das Welldeck achtern krochen – andere, die die Leitern der

Um o Uhr 45 war das Türkische Bad noch trocken, aber bald darauf stieg auch hier das Wasser.

Besatzung nach oben kletterten, um dem vorderen Welldeck zu entkommen.

Dann die Menschen, die Colonel Gracie und Lightoller kurz vor dem Ende plötzlich von unten heraufkommen sahen. Bis dahin hatte Gracie geglaubt, die Frauen wären alle in den Booten – es waren keine mehr zu finden, als die letzten Boote in See stachen. Jetzt sah er mit Entsetzen ungezählte Frauen und Kinder heraufdrängen. Die Statistik weiß, was für Frauen das waren. Die Liste der Todesopfer der TITANIC zählt nur vier von 143 Frauen der ersten Klasse (drei aus eigenem Willen), 15 Frauen aus der zweiten Klasse und 81 von 179 Frauen der dritten Klasse. Nicht zu reden von den Kindern. Außer Lorraine Allison wurden alle 29 Kinder der ersten und zweiten Klasse gerettet, aber nur 23 von den 76 Kindern der dritten Klasse.

Die dritte Klasse hatte keine Chance, bei ihr endete der Heldenmut der Besatzung.

In der zweiten Klasse war es besser, aber auch nicht perfekt. Lawrence Beesley erinnert sich an einen Offizier, der zwei Damen aufhielt, die in die erste Klasse strebten.

»Dürfen wir zu den Booten?« fragten sie.

»Nein, Madam, Ihre Boote sind auf Ihrem eigenen Deck.«

Fairerweise muß man sagen, diese Unterschiede waren nicht die Verhaltenspolitik der Linie, eher das Fehlen einer Verhaltenspolitik überhaupt. Mancherorts verbarrikadierte die Besatzung den Zugang zum Bootsdeck, an anderen Stellen öffnete man die Sperren, sagte aber niemandem etwas davon. Es gab auch wohlgemeinte Versuche, die Passagiere der dritten Klasse an das Oberdeck zu schaffen, aber im allgemeinen hatte man die dritte Klasse sich selber überlassen. Ein paar Unternehmungslustige schafften es nach oben, die anderen kreisten hilflos in ihren Quartieren – ignoriert, vernachlässigt, vergessen.

Der White Star Line waren die Passagiere aus der dritten Klasse gleichgültig, der übrigen Welt gleichfalls, auch der Presse, der Nachforschungskommission – und selbst den Leuten aus der dritten Klasse.

Als die Presse die Katastrophe beschrieb, fragte niemand die Passagiere der dritten Klasse. Die ›New York Times‹ war stolz auf die Art und Weise, in der die Geschichte der Katastrophe behandelt und veröffentlicht wurde – und mit Recht. Aber die berühmte Ausgabe, die erschien, als die CARPATHIA New York erreichte,

Auf dem Bootsdeck spielten sich herzzerreißende Abschiedsszenen ab.

enthielt nur zwei Interviews mit Passagieren aus der dritten Klasse.

Selbstverständlich machten sich ihre Aussagen nicht so gut wie die von Lady Cosmo Duff Gordon. (Eine New Yorker Zeitung ließ sie sagen: »Das Letzte, was ich hörte, war die Stimme eines Mannes, der ›mein Gott, mein Gott!‹ rief.«) Das gab eine Story her. Diese Nacht war glorreich durch die Verwirklichung des Ideals ›Frauen und Kinder zuerst‹, aber irgendwie ertranken demnach mehr Dritte-Klasse-Kinder als Männer der ersten Klasse. Dieses Mißverhältnis würde man heutzutage anprangern. Die Presse würde sich darauf stürzen, die Öffentlichkeit sich empören.

Nicht mal der Kongreß scherte sich um das Los der dritten Klasse. Senator Smith' Nachforschungen über die TITANIC beschäftigten sich mit allen nur erdenklichen Fragen unter der Sonne, selbst damit, aus was ein Eisberg bestand. (»Eis«, erklärte Offizier Lowe.) Auch das Zwischendeck und seine Passagiere erregten kaum Aufmerksamkeit. Nur drei Zeugen aus der dritten Klasse wurden gehört. Zwei davon gaben an, man habe ihnen den Zugang zum Bootsdeck verweigert, aber niemand verfolgte diesen Hinweis weiter. Es wurde kein Versuch unternommen, die Leute mundtot zu machen oder etwas zu verschleiern. Tatsache ist, daß es einfach keinen Menschen interessierte.

Die Nachforschungen des British Court of Inquiry waren recht ritterlich. Mr. W. D. Harbinson vertrat offiziell die Interessen der dritten Klasse. Er sagte, er könne nicht die Spur einer Diskriminierung feststellen. Lord Merseys Untersuchungen erbrachten einen klaren Überblick über die Umstände, nur: Kein einziger Passagier der dritten Klasse wurde befragt. Der einzige überlebende Steward der dritten Klasse gab ohne etwas zu verheimlichen zu, man habe die Männer erst um 1 Uhr 15 auf Deck gelassen.

Selbst die Passagiere der dritten Klasse fanden nichts dabei, als Klasse diskriminiert zu werden, das war eine feste Spielregel. Olaus Abelseth hielt den Zugang zum Bootsdeck für ein Privileg der ersten und zweiten Klasse – selbst wenn das Schiff sank. Es genügte ihm, überhaupt ein Deck benützen zu dürfen.

Ein neues Menschenalter dämmerte herauf, und nie mehr haben Dritte-Klasse-Passagiere solche Lebensphilosophien gehabt.

Die Welin-Davits der TITANIC. Aber die verläßlichsten Davits nutzten nichts, wenn man ein Boot, wie zum Beispiel Nummer 1, das Platz für vierzig Menschen bot, mit nur zwölf Menschen besetzt, abfierte.

Auf der anderen Seite endeten hier auch die Privilegien der ersten Klasse, die stets fraglos akzeptiert worden waren. Als 1908 die REPUBLIC von der White Star Line unterging, hatte Kapitän Sealby den Passagieren erklärt: »Bitte, denken Sie daran: erst Frauen und Kinder, dann die Passagiere der ersten Klasse, dann die anderen.«

Auf der TITANIC gab es keine solche Regelung, aber das Konzept existierte immer noch im Gewissen der Öffentlichkeit. Zu Anfang enthielt sich die Presse sogar jeder Kritik an dem, was in der ersten Klasse vorgefallen war. Als bekannt wurde, daß Ismay sich gerettet hatte, beeilte sich die ›New York Sun‹ mitzuteilen: ›Ismay benahm sich mit ausgesuchter Ritterlichkeit. Niemand weiß, wie er überhaupt in ein Boot kam. Sicherlich glaubte er, es wäre richtig, seine Gesellschaft persönlich über den Untergang zu informieren.‹

Plötzlich hatten es Reisende in der ersten Klasse nicht mehr so gut wie einst. Nach wenigen Tagen wurde Ismays Verhalten angeprangert. Nach einem Jahr trennte sich eine prominente Überlebende von ihrem Mann, und zwar aufgrund von Klatschgeschichten, die über seine Rettung kursierten. Dem TITANIC-Untergang war auch der neue Standard zuzuschreiben, nach dem man das Verhalten prominenter Menschen in Streßsituationen zu beurteilen begann.

Die TITANIC war das letzte Fort des Reichtums und der Gesellschaft als Mittelpunkt des öffentlichen Wohlwollens gewesen. 1912 gab es noch keine Filmstars, Radio- oder Fernsehlieblinge und Sportler; sie alle waren noch nicht salonfähig. Die Öffentlichkeit war, was das Außergewöhnliche betraf, das ihr den grauen Alltag verschönen konnte, völlig auf Prominente angewiesen.

Die Presse war sich dieser Aufgabe völlig bewußt. Als die TITANIC auslief, veröffentlichte die ›New York Times‹ die Liste prominenter Passagiere auf der Titelseite. Als sie sank, berichtete die ›New York American‹ darüber fast ausschließlich in einem Nachruf auf John Jacob Astor. Am Ende erwähnte sie kurz, daß außerdem noch 1800 Menschen ums Leben gekommen seien.

In ähnlicher Weise schrieb am 18. April die ›New York Sun‹ über den Schaden, der den Versicherungen erwuchs. Hauptsächlich ging es in dem Artikel um Mrs. Wideners Perlen.

Selten danach hat etablierter Reichtum die Menschheit dergestalt beschäftigt. John Jacob Astor machte es nichts aus, 800 Dollar für eine Spitzenjacke hinzublättern, die ein Händler bei einem kurzen Halt in Queenstown an Bord brachte. Die Ryersons fanden nichts dabei, mit sechzehn Koffern zu reisen. Die 190 Familien der ersten Klasse wurden von 23 Zofen, acht Dienern und diversen Ammen und Gouvernanten begleitet – und das neben den Hunderten von Stewards und Stewardessen. Diese Leibdiener hatten eigene Unterhaltungsräume auf dem C-Deck, damit niemand in die Verlegenheit kam, einen hübschen Fremden in ein Gespräch zu verwickeln, nur um zu entdecken, daß es sich um Henry Sleeper Harpers Dolmetscher handelte.

Man muß sich auch vorstellen, wie die Überlebenden in New York ankamen. Mrs. Astor wurde von zwei Autos, einem Arzt, einer Krankenschwester, einem Sekretär und Vincent Astor erwartet. Auf Mrs. Widener wartete kein Auto, sondern ein Spezialzug – ein Privatpullman, ein Wagen für Ballast und eine Lokomotive. Mrs. Charles Hays wurde auch von einem Privatzug erwartet, außerdem von zwei Autos und zwei Kutschen.

Ein passender Empfang für Leute, die es sich leisten konnten, 4350 Dollar – und das waren die Dollars des Jahres 1912 – für eine Luxussuite auf der TITANIC zu bezahlen. Eine solche Suite hatte sogar ein Promenadendeck für sich.

Natürlich konnten nur wenige in diesem Stil leben. Tatsache ist, daß zum Beispiel Harold Bride, der 20 Dollar im Monat verdiente, 18 Jahre hätte arbeiten müssen, um dergestalt stilvoll den Atlantik überqueren zu können. Die Menschen, die ein Leben in Luxus genossen, waren Teil einer kleinen Gruppe. Auch sie schien zu verschwinden, als die TITANIC verschwand.

In dieser kleinen Welt des edwardianischen Reichtums herrschte wundersame Intimität. Nie gab es nur den Schatten eines Erstaunens, wenn man sich irgendwo begegnete, sei es am Fuß der Pyramiden (ein Lieblingsreiseziel), bei der Cowes-Regatta oder an den Brunnen von Baden-Baden. Sie schienen alle zur gleichen Zeit die gleichen Einfälle zu haben. Einer dieser Einfälle war die Reise mit der TITANIC bei ihrer Jungfernfahrt.

Deshalb war diese Reise eher ein gesellschaftliches Treffen als eine Ozeanüberquerung. Solches Treiben faszinierte Mrs. Henry B. Harris, die Frau des Theaterproduzenten, die ganz bestimmt nicht zu dieser Welt gehörte. Noch zwanzig Jahre später erinnert sie sich voller Bewunderung daran.

»Es war alles so kameradschaftlich wie nie zuvor auf einer Reise. Sicher hat kein Mensch in den Passagierlisten nachgesehen, wenn man bedenkt, was für eine freundschaftliche Stimmung unter den Passagieren herrschte. Man traf sich auf Deck wie zu einer großen Party.«

Diese Menschengruppe war auch der Mannschaft recht vertraut. Es war üblich, mit bestimmten Kapitänen zu reisen, nicht mit bestimmten Schiffen, und Kapitän Smith hatte einen Jüngerkreis, der für die White Star Line von unschätzbarem Wert war. Der Kapitän belohnte diese Zuneigung mit kleinen Aufmerk-

Das hintere Achterdeck. Das Foto wurde auf dem Weg nach Queenstown gemacht. Hier hielten sich normalerweise Passagiere der dritten Klasse auf, aber am Ende, als der Bug immer tiefer sank, drängten sich hier alle, die auf dem Schiff geblieben waren.

samkeiten und Privilegien, und das hielt die Schickeria bei der Stange. Am letzten Abend erhielt John Jacob Astor die schlechte Nachricht vom Kapitän, ehe dieser Alarm schlug und es allen anderen mitteilte.

Andererseits respektierte man die Privilegien, und niemand nutzte das Vertrauen des Kapitäns aus. Von dieser privilegierten Gruppe wurde fast kein Mann gerettet.

Die Stewards und Kellner hatten ein schier inniges Verhältnis zu dieser Gruppe. Oft bedienten sie immer wieder dieselben Passagiere. Sie wußten schon genau, was jeder einzelne wollte und wie er es wollte. Jeden Abend betrat Steward Samuel Etches die Kabine A-36 und legte den Abendanzug von Thomas Andrews aus, wie dieser es wünschte. Dann, um 18 Uhr 45, kam er wieder und half Andrews beim Anziehen. So wurde es fast überall gehandhabt.

Und als die Titanic unterging, zog Etches voll echter Zuneigung Mr. Guggenheim seine Weste an und überredete ihn, einen Pullover anzulegen. Steward Crawford schnürte Mr. Stewarts Schuhe zu. Der Zweite Steward Dodd gab J. B. Thayer den Tip, daß seine Frau, lange nachdem er sie in Sicherheit wähnte, noch an Bord sei.

Mit der gleichen Zuneigung stieß der Speisesaalsteward Ray Washington Dodge in Boot 13 – er hatte die Dodges dazu überredet, die Titanic zu nehmen, und fühlte sich verantwortlich für sie.

Die Gruppe zahlte für diese Loyalität mit einer Liebe und einer Intimität, die keiner der weniger bekannten Mitreisenden für sich beanspruchen durfte. In den letzten Stunden der Titanic waren Ben Guggenheim und Martin Rothschild mehr mit ihrem Steward zusammen als mit anderen Reisenden.

Diese untergehende Welt nahm auch ein paar ihrer berühmten Vorurteile mit ins Grab. Vor allen das laute Geschrei um die rassische Überlegenheit und den Mut der Angelsachsen. Für die Überlebenden waren die Leute, die sich in die Boote zu schmuggeln versuchten, ›Chinesen‹ oder ›Japaner‹, und alle, die vom Deck sprangen, waren ›Amerikaner‹, ›Franzosen‹, ›Italiener‹.

»Da gab es ein paar Männer unter den Passagieren«, sagte Steward Crowe bei der Befragung durch die US-Untersuchungsbehörde, »wahrscheinlich Italiener oder irgendwelche anderen Nationen, sicher keine Engländer oder Amerikaner, die wollten die Boote stürmen.«

Natürlich hatte Steward Crowe keinen der Delinquenten sprechen hören, konnte deshalb also auf keinen Fall wissen, wer sie waren.

Bei der Untersuchung gewann dieses Rassenvorurteil so große Bedeutung, daß der italienische Botschafter verlangte, der Fünfte Offizier Lowe müsse sich entschuldigen, wenn er ›Italiener‹ als Synonym für ›Feigling‹ gebrauche.

Im Vergleich dazu konnte kein Angehöriger der angelsächsischen Rasse Unrecht tun. Als Bride die Rauferei mit dem Heizer und Phillips beschrieb, machten die Zeitungen einen Neger aus ihm, weil das besser wirkte. Es gab auch eine Geschichte mit der Überschrift ›Erwünschte Emigranten ums Leben gekommen‹. Die ›New York Sun‹ beklagte den Tod von 78 Finnen, die umgekommen waren. Sie hätten, so das Blatt, dem Land von Nutzen sein können.

Mit den Vorurteilen gingen auch andere, noblere Instinkte verloren. Die Männer waren weiter tapfer, aber nicht genauso tapfer wie in jener Nacht. Diese Männer auf der TITANIC hatten Stil. Das war doch etwas, als Ben Guggenheim seinen Frack zum Untergang anzog. Oder Howard Case, der seine Zigarette wegwarf, ehe er Mrs. Graham zuwinkte. Ja, selbst Colonel Gracie, der schnaufend das Deck entlangrannte bei seiner erfolglosen Suche nach Mrs. Candee. Heute gibt es derlei kleine ritterliche Gesten nicht mehr.

In jenen entsetzlichen Tagen des Wartens, als man in New York noch nicht genau wußte, was genau geschehen war, blieben die Astors oder Guggenheims nicht wartend am Telefon oder schickten Freunde zur White Star Line, sondern sie gingen selbst dorthin. Sie hatten das Gefühl, es wäre richtig, persönlich *anwesend* zu sein.

Die Familien heutzutage sind sicher genauso treu besorgt wie damals, aber wahrscheinlich würde ihnen ein Anruf genügen.

Um 2 Uhr 20, am Montag, dem 15. April 1912, machte sich niemand Gedanken zu solchen Problemen. Über dem Grab der TITANIC hing ein dünner nebliger Dunst und verbarg den blauen Nachthimmel. Die glatte glasklare See war übersät mit Kisten, Deckstühlen, Planken, Säulen und Korkstücken, die von irgendwo tief unten heraufschnellten.

Hunderte von Schwimmern kämpften im Wasser um ihr Leben. Steward Edward Brown, der kaum atmen konnte, bemerkte, daß ein Mann an seinen Kleidern riß. Olaus Abelseth fühlte, wie jemand seinen Nacken umschlang. Er konnte sich losreißen und gurgeln: »Loslassen!« Aber schon packte ihn der andere erneut. Erst mit einem kräftigen Tritt konnte er sich befreien.

Doch nicht die Menschen waren es, die den Schwimmern die Kraft nahmen, sondern das Meer selbst.

Die Temperatur war weit unter dem Gefrierpunkt. Dem

Zweiten Offizier Lightoller schien es, als stäche man seinen Körper mit tausend Messern. Bei solchen Temperaturen nutzte eine Schwimmweste wenig. Nur ein paar Dutzend schafften es, durchzuhalten. Für sie lag die einzige Hoffnung auf Rettung bei den Booten A und B. Beide waren vom sinkenden Bootsdeck gespült worden, A mit Wasser vollgeschlagen, B kielobentreibend. Dann hatte der stürzende Schornstein beide Boote von der Menge abgetrieben. Nun strebten die stärksten Schwimmer, die Glück hatten, auf diese Boote zu.

Nach etwa zwanzig Minuten erreichte Olaus Abelseth Boot A. Vielleicht ein Dutzend anderer Schwimmer lagen halbtot in dem schlingernden Boot. Keiner half ihm oder wehrte ihn ab, als er über die Seite kletterte. Sie murmelten nur: »Nicht das Boot kentern!«

Mehr und mehr kamen dazu; am Ende lagen ein paar Dutzend eiskalter jammervoller Schwimmer im Boot. Es war eine bunte Gesellschaft. Tennisstar R. Norris Williams II lag neben seinem wassergetränkten Pelzmantel . . . Ein paar Schweden . . . Heizer John Thompson mit böse verbrühten Händen . . . Ein Passagier

Etwa um 1 Uhr 40 stieg die letzte Rakete auf. Das Welldeck stand fast ganz unter Wasser, das Vorschiff auf Wasserebene. Diese Zeichnung wurde später von Steward Leo James Hyland angefertigt.

erster Klasse in Unterhosen ... Steward Edward Brown ... Aus der dritten Klasse Mrs. Rosa Abbott.

Langsam trieb Boot A mehr und mehr ab, weniger Schwimmer kamen an, die Abstände zwischen den Neuankömmlingen wurden immer größer. Endlich kam niemand mehr, und das Boot, in dem das Wasser stand, trieb schweigend in die Nacht hinaus.

Boot B, das umgeschlagen war, trieb näher bei der Unglücksstelle, und viele Schwimmer versuchten, es zu erreichen. Sie umlagerten es. Es war dort lebhafter und laut.

»Retten Sie ein Leben! Retten Sie ein Leben!«

Walter Hurst hörte diesen Schrei immer wieder. Er befand sich in der Menge, die versuchte, auf das umgestürzte Boot zu klettern.

Funker Harold Bride war von Anfang an zur Stelle, aber unter dem Boot. Auch Lightoller kam dazu, ehe die TITANIC sank. Er trat gerade Wasser, als der Schornstein stürzte und ihn die Woge fortspülte. Dieselbe Welle warf den jungen Jack Thayer gegen das Boot. Nun hockten Hurst und drei oder vier andere Männer auf dem Kiel des Bootes. Lightoller und Thayer krochen dazu. Bride war noch immer *unter* dem Boot. Er lag auf dem Rücken und schlug mit dem Kopf gegen die Bänke. In der dunklen Enge konnte er kaum atmen.

Dann trieb A. H. Barkworth, ein Friedensrichter aus Yorkshire, heran. Er trug über seiner Schwimmweste einen riesigen Pelzmantel, und diese Verkleidung schien ihn seltsamerweise über Wasser zu halten. So wie er war, kroch er auf das umgestürzte Boot, wie ein krankes räudiges Pelztier.

Später traf Colonel Gracie ein. Er war mit der TITANIC gesunken, hatte sich an einer Planke gehalten, später an einer großen Holzkiste, dann hatte er das umgeschlagene Boot entdeckt. Als er es schwimmend erreicht hatte, war es schon von mehr als einem Dutzend Männern besetzt, die darauf lagen oder hockten.

Niemand streckte eine helfende Hand aus; mit jedem Mann tauchte das Boot tiefer ins Wasser. Das Wasser schlug schon ab und zu über den Kiel. Aber Gracie war nicht umsonst so weit geschwommen. Er hielt sich am Arm eines Mannes, der schon oben lag, fest und zog sich hinauf. Als nächstes gelang es auch dem Beilagenkoch John Collins hinaufzukriechen. Dann tauchte Bride unter dem Boot vor und kletterte auf das Heck.

Als nächster erschien Steward Thomas Whitley. Boot B

schlingerte nun unter dem Gewicht von 30 Männern. Als er auf-
springen wollte, schlug jemand mit einem Ruder nach ihm, er
schaffte es trotzdem. Heizer Harry Senior erhielt auch Schläge
mit dem Ruder, schwamm aber außen ums Boot und überredete
die restlichen, ihn doch hinaufzulassen.

Die Männer, die rittlings auf dem Kiel saßen, versuchten mit
losen Planken zu rudern, versuchten, von der Stelle des Unglücks
wegzukommen.

»Halt dich fest, Alter, noch einer mehr obendrauf, und wir sinken«, riefen sie den Leuten im Wasser zu.

»Schon recht, regt euch nicht auf«, erwiderte einer der Schwimmer, als sie ihn wegstießen. Dann schwamm er fort und rief noch
über die Schulter: »Viel Glück, Gott schütze euch!«

Ein anderer Schwimmer munterte sie vom Wasser her auf.

»Gut, Jungs! Gut so, Kinder!« rief er. Seine Stimme hatte
Autorität und bat nicht darum, aufsteigen zu dürfen. Obwohl

das Boot gefährlich überlastet war, konnte Walter Hurst es sich nicht verkneifen, ihm ein Ruder hinzuhalten. Aber der Mann war schon jenseits aller Hilfe. Als das Ruder ihn berührte, drehte er sich wie ein Korken und verstummte. Hurst glaubt noch heute, daß es Kapitän Smith war.

Da ruderten sie, die Nacht war klar, das Schiff war gesunken, und kein Schwimmer meldete sich mehr. Ein Matrose, der auf dem Bauch lag, fragte zögernd: »Glaubt ihr nicht, wir sollten beten?«

Alle stimmten zu. Eine kurze Umfrage zeigte Katholiken, Presbyterianer, Methodisten, Lutheraner. Man einigte sich auf das Vaterunser. Einer sprach vor, die anderen wiederholten seine Worte im Chor.

Aber das war nicht das einzige Geräusch, das über das Wasser tönte. Die ganze Zeit, während Boot A und B sich füllten und mühsam versuchten, sich zu entfernen, riefen Hunderte von

Das Ende ist nahe.
Die Brücke taucht ins Wasser, immer noch brennen die Lichter. Die Boote sind alle im Wasser, und die, die zurückgeblieben sind, treiben zum Heck. Der Zeichner der SPHERE *hat diese letzten verzweifelten Augenblicke festgehalten.*

Schwimmern um Hilfe. Einzelstimmen gingen in dem allgemeinen Klagegeschrei unter. Heizer George Kemish erinnerte sich, während er Boot 9 ruderte, an die Tausende von Fans beim Endspiel des englischen Fußballpokalkampfes. Jack Thayer, der am Heck von Boot B lag, klang es wie Grillengezirpe in einer Sommernacht in den Wäldern zu Hause in Pennsylvania.

Das zusammenfaltbare Boot B, das kieloben von der TITANIC *geschwemmt wurde. Harold Bride befand sich dabei unter dem Boot. Das Foto wurde Wochen später bei der Bergung aus dem Atlantik gemacht.*

8

»Mich erinnert es an ein Picknick.«

Die Schreie in der Nacht bedeuteten nur eines für den impulsiven, energischen Fünften Offizier Lowe: zurückzurudern, um zu helfen.

Er konnte wirklich etwas unternehmen. Nachdem er die Titanic in Boot 14 verlassen hatte, hatte er die Boote 10, 12, 4 und D gesammelt und zusammengebunden, eine Kette von 50 Meter Länge.

»Ich übernehme das Kommando«, sagte er und organisierte seine Flotte zur Bergungsarbeit. Es wäre Selbstmord gewesen, hätte man alle Boote geschickt. Viele waren so schlecht bemannt, daß es für sie das Ende bedeutet hätte, in diesen Hexenkessel zu rudern – aber ein einzelnes Boot mit einer ausgewählten Mannschaft konnte viel ausrichten. Lowe machte sich also daran, seine 55 Passagiere auf die anderen Boote zu verteilen und sammelte die freiwilligen Männer der übrigen Boote, um Nummer 14 mit guten Rudergasten auszurüsten.

Eine nervenaufreibende Sache, um 2 Uhr 30 nachts mitten im Atlantik die Boote zu wechseln. Lowe verlor fast die Beherrschung.

»Spring, verdammt, spring doch!« brüllte er, als Miß Daisy Minahan zögerte. Dann wieder sprang die alte Dame mit der Spitzenmantilla viel zu behende. Lowe riß an dem Tuch – und ein junger angstschlotternder Mann kam zum Vorschein. Lowe sagte diesmal nichts, stieß aber den Burschen so fest er konnte in Boot 10.

Man brauchte Zeit, um alles zu arrangieren. Dann wieder mußte Lowe warten, bis die Schwimmer in nicht mehr ganz so dichten Gruppen ankamen, um das Unternehmen nicht noch mehr zu gefährden. Und er brauchte Zeit, um an die Stelle des Grauens zu rudern. Es war nach 3 Uhr – fast eine Stunde, nachdem die Titanic gesunken war –, als Boot 14 die treibenden Trümmer und die Menschen erreichte, beinahe zu spät.

Viele waren nicht mehr übrig – Steward John Stewart, W. F. Hoyt von der ersten Klasse, ein japanischer Passagier des Zwi-

THE REPORT OF CAPTAIN SMITH'S SUICIDE.

3.11AM RTÉ TEL SUICIDE OF T CAPTAIN –

NEWYORK APL 18. T SURVIVORS STATE –

THAT T CAPTAIN OF T TITANIC SHOT –

HIMSELF ON T BRIDGE. REUTER.

The first Reuter telegram as it reached "The Daily Mirror."

In a portion of yesterday's issue *The Daily Mirror*, in common with many other newspapers, published a Reuter telegram stating that, according to the survivors of the Titanic, Captain Smith had shot himself on the bridge of his vessel before it went down.

Later, a longer message was sent out by Reuter, which prides itself upon being the most reliable agency in the world, and this message, which was full of circumstantial detail, was also published on Reuter's authority.

Some time later a contradiction came in, but by this time it was too late for *The Daily*

Mirror to delete the original statement from its columns.

Asked to explain their unfortunate blunder yesterday, Reuter's Agency stated that their messages to the effect that Captain Smith had committed suicide were afterwards denied; that the tragedy was reported by some of the passengers on the Carpathia during the confusion of the landing of the Titanic survivors, and that afterwards, in the hurry of sending out messages to the various newspapers, two telegrams were confused.

Reuter's Agency expressed their apologies for any trouble caused by their mistake.

Niemand wußte mit Sicherheit, was aus Kapitän Smith geworden ist. Ein erster Bericht über seinen Selbstmord. Sicherlich falsch.

schendecks, der sich an eine Tür geschnallt hatte. Fast eine Stunde suchte Boot 14 die Unglücksstelle ab, paddelte nach Menschen, die irgendwo riefen, erreichte sie nie.

Nur vier wurden aufgegriffen. Mr. Hoyt starb eine Stunde später. Lowe hatte sich verrechnet, es hatte länger gedauert, als er dachte, um zurückzurudern.

Wie lokalisiert man einen Menschen, der in der Dunkelheit um Hilfe ruft? Wie lange kann sich ein Mensch in eisigem Wasser am Leben halten? Später wußte er, daß es nicht nötig gewesen wäre, auf Überlebende zu warten, aber er war wenigstens zurückgefahren.

Der Dritte Offizier Pitman in Boot Nummer 5 hörte auch die Schreie. Er wendete das Boot und rief: »Männer, zurück zum Wrack!«

»Sagen Sie doch dem Offizier, er soll nicht zurück«, flehte eine Dame Steward Etches an, als er zu pullen begann. »Wieso

"BE BRITISH": The Last Words of the "Titanic's" Captain.

"They that go down to the sea in ships, that do business in great waters." —Psalm civ.

COMMANDER EDWARD J. SMITH, R.N.R.
From a portrait taken in New York. Reproduced by kind permission of Mrs. Smith.

Nothing is here for tears, nothing to wail
Or knock the breast, no weakness, no contempt,
Dispraise or blame; nothing but well and fair,
And what may quiet us in a death so noble.

Born in the Year 1855

Died April 15, 1912

Das andere Extrem hingegen, die Geschichte, er sei in den Wogen versunken, nicht ohne vorher »Seid britisch!« zu rufen, stimmt sicher ebensowenig.

sollen wir unser Leben riskieren, um sicher erfolglos zu versuchen, andere zu retten.«

Andere Frauen protestierten auch. Pitman wurde von Zweifeln geplagt. Endlich ließ er sich umstimmen, nahm den Befehl zurück und pullte weg. Die nächste Stunde schaukelte Boot 5 – 40 Menschen in einem Boot für 65 – geruhsam auf den Wellen des Atlantiks, und 100 Meter entfernt klangen die Todesschreie von Hunderten von Ertrinkenden.

In Boot Nummer 2 erinnerte sich Stewart Johnson daran, daß der Vierte Offizier Boxhall die Damen gefragt hatte: »Sollen wir zurück?«

Sie hatten nein gesagt, und so trieb auch Boot 2 – nur zu 60 Prozent beladen – weiter auf dem stillen Wasser, und die Überlebenden hörten zu, wie die Schreie verhallten.

Die Damen in Boot 6 waren da anders eingestellt. Mrs. Lucien Smith war noch immer erregt, daß sie auf die Notlüge ihres Mannes hin ins Boot gestiegen war. Mrs. Churchill Candee, gerührt von der Ritterlichkeit ihrer freiwilligen Beschützerin, Mrs. J. J. Brown, die von Natur aus tapfer und abenteuerlustig war – alle bedrängten Steuermann Hitchens, zurückzurudern. Hitchens lehnte ab. Er malte ein grauenerregendes Bild von Schwimmern, die sich ans Boot klammern, es stürmen und zum Kentern bringen würden. Die Frauen flehten immer weiter, aber die Schreie der Ertrinkenden wurden immer leiser. Boot Nummer 6 – Fassungsvermögen 65 Personen, beladen mit 28 Passagieren – hielt sich weiter fern.

In Nummer 1 schrie Heizer Charles Hendrickson: »Wir müssen zurück und Leute retten!«

Keiner antwortete ihm. Ausguck George Symons, der das Kommando führte, unternahm nichts. Als der Vorschlag erneut gemacht wurde, erklärte Sir Duff Gordon, er glaube nicht, daß man es versuchen solle, das wäre ja gefährlich, man würde das Boot stürmen. Damit wurde die Sache als erledigt betrachtet. Nummer 1 – zwölf Gerettete in einem Boot für 40 Personen – ruderte davon.

In jedem Boot dasselbe: schüchterner Vorschlag, heftige Ablehnung – keine Rettungsaktion. Von den 1600 Menschen, die mit der TITANIC sanken, wurden nur 13 von den nahegelegenen Booten aufgegriffen. Boot D zog Mr. Frederick Hoyt aus dem Wasser (das hatte er selbst geplant), Boot 4 rettete vier Schiffbrüchige, nicht weil es zurückgerudert, sondern weil es noch in der Nähe war. Nur Boot 14 fuhr zurück. Es bleibt weiterhin ein Rätsel, warum ausgebildete Seeleute in dieser Situation so und nicht anders reagierten.

Als die Schreie erstorben waren, wurde die Nacht seltsam friedlich. Die TITANIC verschwunden, all die grauenhafte Angst und Spannung vorbei. Der Schock über das Unglück, die Aufregung und Verwirrung, die folgen sollten, die Erkenntnis, daß viele Freunde für immer verloren waren – all das hatte noch keiner richtig begriffen.

Lawrence Beesley fühlte sich ruhig und ziemlich einsam. Er fragte sich, warum die TITANIC, auch als sie schon tödlich getroffen war, immer noch jedem das Gefühl von Kameradschaft und Sicherheit vermittelte und warum das im Rettungsboot nicht der Fall war.

In Nummer 3 beobachtete Elizabeth Shutes die Sternschnuppen und dachte bei sich, wie unbedeutend sich die Raketen im Vergleich zur Natur ausnahmen. Sie versuchte, ihrer Einsamkeit Herr zu werden, indem sie sich vorstellte, sie wäre wieder in Japan. Zweimal hatte sie von dort allein und voller Angst in Nacht und Nebel aufbrechen müssen, aber immer war wieder alles in Ordnung gekommen.

In Boot 4 sah auch Gertrude Hippach den Sternschnuppen zu. Sie mußte an die Legende denken, die besagt, bei jeder Sternschnuppe sterbe ein Mensch.

Langsam erwachten die Boote wieder zum Leben. Vierter Offizier Boxhall schoß grüne Leuchtfeuer von Boot 2 aus in die Luft, und das rüttelte die Leute in den Booten etwas auf und ermutigte sie. Es war schwer, die Entfernung abzuschätzen. Manch einer glaubte, ein rettendes Schiff sei in der Nähe.

Riemen quietschten und klatschten ins Wasser, Stimmen riefen über das Wasser und durch die Dunkelheit. Die Boote Nummer 5 und 7 waren aneinandergebunden, ebenso 6 und 16. Boot 6 borgte sich einen Heizer als Ruderhilfe aus. Andere Boote drifteten ab. In einem Umkreis mit etwa fünf Meilen Radius schwammen die achtzehn kleinen Boote durch die Nacht auf einer spiegelglatten See. Ein Heizer auf Nummer 13 erinnerte sich an die Zeiten, als er im Regent's Park Boote gerudert hatte, und sprudelte hervor: »Erinnert mich an ein verdammtes Picknick.«

The Daily Mirror

THE MORNING JOURNAL WITH THE SECOND LARGEST NET SALE.

No. 2,648.   Registered at the G.P.O. as a Newspaper.   FRIDAY, APRIL 19, 1912   One Halfpenny.

WHY WERE THERE ONLY TWENTY LIFEBOATS FOR 2,207 PEOPLE ON BOARD THE ILL-FATED TITANIC?

Die Regeln, wie viele Rettungsboote obligatorisch waren, hatte man seit 1894 nicht geändert. Die TITANIC *war viermal größer als das bis dahin größte Schiff.*

Manchmal fühlte man sich wirklich an ein Picknick erinnert. Unterhaltung im Plauderton, Kinder, die lästig wurden. Lawrence Beesley versuchte, eine Decke um die Zehen eines heulenden Babys zu wickeln, und fand heraus, daß sie mit der Dame, die es hielt, eine gemeinsame Freundin in Clonmel, Irland, hatte. Edith Russell hielt ein anderes Baby mit ihrem Spielzeugschwein bei Laune. Wenn man am Schwänzchen drehte, spielte es die ›Maxixe‹. Hugh Woolner ertappte sich dabei, wie er dem vierjährigen Louis Navatril Kekse fütterte. Mrs. John Jacob Astor lieh einer Frau aus der dritten Klasse ihren Schal, damit sie ihr Töchterchen einwickeln konnte, das vor Kälte weinte. Die Frau dankte auf schwedisch und legte den Schal um das kleine Mädchen.

Zur selben Zeit wurde Margarethe Fröhlicher mit einem neuen wichtigen Ausrüstungsgegenstand bei Picknicks bekannt gemacht. Ein freundlicher Herr bemerkte die noch immer seekranke junge Dame und reichte ihr sein Silberfläschchen mit einem Becher als Korken. Er schlug vor, einen Schluck zu nehmen, als Medizin. Sie tat wie geheißen und war auf der Stelle kuriert. War es der Brandy oder die Neuheit der Erfahrung – sie hatte in ihren 22 Jahren noch nie einen Flachmann gesehen –, jedenfalls war sie fasziniert.

Aber kein Picknick war je so kalt. Mrs. Crosby zitterte so sehr, daß in Nummer 5 der Dritte Offizier Pitman ein Segel um sie wickelte. In Nummer 6 saß ein Heizer neben Mrs. Brown; seine Zähne klapperten vor Kälte. Endlich wickelte sie ihre Zobelstola und seine Beine und band den Schwanz an seinen Knöcheln fest. In Nummer 16 saß ein Mann im weißen Pyjama. Er sah so kalt aus, daß er die anderen an einen Schneemann erinnerte. Mrs. Charlotte Collyer war so steifgefroren, daß sie in Boot Nummer 14 umsank. Sie blieb mit ihrem Haarknoten in der Ruderklampe hängen und riß sich einen dicken Haarbüschel mit der Wurzel aus.

Die Mannschaft tat ihr Bestes, um es den Damen etwas komfortabel zu machen. In Nummer 5 zog sich ein Matrose die Strümpfe aus und gab sie Mrs. Washington Dodge. Als sie verblüfft und dankbar zu ihm aufblickte, erklärte er: »Ich versichere Ihnen, Madam, sie sind makellos sauber. Ich habe sie heute morgen angezogen.«

In Nummer 13 zitterte Heizer Beauchamp in seinem dünnen Pullover, weigerte sich aber, den Mantel anzuziehen, den ihm eine alte Dame anbot, und bestand darauf, ihn einem jungen irischen Mädchen anzuziehen. Im selben Boot erhielten die Passagiere von unerwarteter Seite Linderung. Als Steward Ray seine Kabine in dieser Nacht verließ, hatte er sechs Taschentücher, die auf seinem Koffer lagen, eingesteckt. Nun verteilte er sie und riet den Leuten, in jede Ecke einen Knoten zu binden und die Tücher als Hauben aufzusetzen.

»Sechs Häupter wurden gekrönt«, erinnerte er sich stolz.

Neben der Kälte stimmten auch die Damen an den Riemen nicht ganz mit dem Bild von einem Picknick überein. In Nummer 4 pullte Mrs. John B. Thayer sechs Stunden lang, bis zu den Waden im Wasser. In Nummer 6 organisierte die unwiderstehliche Mrs. Brown je zwei Frauen an ein Ruder. Die eine hielt das Ruder an seinem Platz, die andere zog daran. Auf diese Weise bewegten Mrs. Brown, Mrs. Meyer und Mrs. Candee und andere Frauen das Boot drei oder vier Meilen weit, ein fruchtloser Versuch, das Licht zu erreichen, welches die ganze Nacht irgendwo am Horizont flackerte.

Mrs. Walter Douglas pullte in Boot 2. Boxhall, der das Kommando hatte, pullte auch und schoß grüne Leuchtfeuer. Mrs. J. Stuart White half zwar in Nummer 8 nicht beim Pullen, betätigte sich aber als etwas wie ein Signalgast. Sie hatte einen Rohrstock mit eingebautem elektrischem Licht. Damit fuchtelte sie die halbe Nacht lang wild herum.

In Nummer 8 pullten Marie Young, Gladys Cherry, Mrs. F. Joel Swift und andere. Mrs. William R. Buckwell schätzte sich glücklich und stolz, neben der Gräfin von Rothes pullen zu dürfen. Ihre Zofe hielt mit der gräflichen Zofe denselben Riemen. Die Gräfin saß fast den ganzen Rest der Nacht über am Ruder. Matrose Jones, der das Kommando des Bootes hatte, erklärte später bei einem Interview der Zeitung ›Shpere‹, wieso er die Gräfin als Steuermann eingesetzt hatte.

»Da war eine Frau in meinem Boot, das war vielleicht eine Frau ... Als ich sah, wie sie Haltung bewahrte, und hörte, wie ruhig und bestimmt sie zu den anderen sprach, wußte ich, daß sie besser war als alle anderen an Bord.«

Vor der amerikanischen Untersuchungskommission, wo ihm vielleicht die leitende Hand des Interviewers gefehlt hatte, drückte er sich weniger elegant aus: »Sie hatte ständig was zu sagen, da hab' ich sie ans Ruder gesetzt.«

Trotzdem besteht kein Zweifel über Jones' Gefühle für die Gräfin. Nach der Rettung löste er die Nummer 8 vom Boot, ließ sie rahmen und schickte sie der Gräfin als Souvenir, um ihr seine Bewunderung zu zeigen.

Als die Nacht verstrich, änderte sich die allgemeine Stimmung. In Nummer 3 suchte Mrs. Charles Hays in jedem Boot nach ihrem Mann.

»Charles, bist du da drüben?« rief sie immer wieder.

In Nummer 8 beweinte Señora de Satode Penasco ihren Ehemann Victor, bis die Gräfin Rothes es nicht mehr aushalten konnte. Sie übergab das Ruder ihrer Kusine Gladys Cherry und setzte sich neben die Señora. Dort blieb sie den Rest der Nacht, um die arme junge Frau aufzumuntern. Madame de Villiers hingegen rief unentwegt nach ihrem Sohn – der aber war gar nicht auf der TITANIC gewesen.

Bald brachen überall Streitereien aus. Die Frauen in Nummer 3 kamen sich über Kleinigkeiten in die Haare, während die Männer in verlegenem Schweigen dabeisaßen. Mrs. Washington Dodge – die gegen den Wunsch fast aller übrigen hatte zurückpullen wollen – wurde immer bitterer in Boot Nummer 5; als Boot Nummer 7 vorbeikam, stieg sie mitten auf dem Ozean um. Maud Slocombe, die unverwüstliche Masseuse der TITANIC, half dabei, eine Frau auszuschimpfen, die in Boot 11 immer wieder einen Wecker klingeln ließ. Matrose Diamond, ein strammer Exboxer, der auf Nummer 15 das Kommando hatte, fluchte so entsetzlich, daß die Nachtluft sich womöglich noch schwärzer färbte.

Die meisten Streitereien entstanden des Rauchens wegen. 1912 war der Tabakgenuß noch nicht das Allheilmittel gegen Streß und Spannungen. Die Damen in den Booten waren schockiert. Miß Elizabeth Shutes in Boot 3 bat zwei Männer, die neben ihr saßen, das Rauchen einzustellen, aber die dachten nicht daran. Für Mrs. J. Stuart war das von solcher Bedeutung, daß ihr Zorn noch bei der Untersuchung nicht verraucht war. Als Senator Smith sie fragte, ob sie irgend etwas zur Haltung der Mannschaft zu sagen habe, explodierte sie: »Als wir vom sinkenden Schiff wegfuhren, zogen diese Stewards doch wirklich Zigaretten hervor und zündeten sie an. Bei solch einer Gelegenheit, ich bitte Sie!«

Auf Boot 1 herrschte eine recht intime Atmosphäre, deshalb

war dort das Rauchen kein Problem. Sir Cosmo Duff Gordon gab Heizer Hendrickson eine gute Zigarre, da konnten die beiden Frauen an Bord schlecht widersprechen. Miß Francatelli war von Sir Cosmos Frau eingestellt, und Lady Duff Gordon fühlte sich viel zu elend, um sich mit Kleinigkeiten aufzuhalten. Sie hielt den Kopf über den Rand des Bootes und opferte die ganze Nacht den Fischen.

Aber auch in Boot 1 gab es Zwist. Sir Cosmo und Mr. C. E. Henry Stengel aus Newark, New Yersey, konnten sich nicht leiden und kamen demzufolge nicht sehr gut miteinander aus. In einem überfüllten Boot hätte das nichts ausgemacht, aber mit nur zwölf Personen an Bord war das recht aufreibend. Sir Cosmo behauptet, Mr. Stengel habe immerfort gerufen: »Boot ahoi!«

Auch habe er dem Ausguck Symons widersprüchliche Befehle erteilt, wohin zu steuern sei. Kein anderer kümmerte sich darum, aber Sir Cosmo ging er damit dergestalt auf die Nerven, daß er Mr. Stengel am Ende bat, den Mund zu halten. Sir Cosmo war doppelt verärgert, als Mr. Stengel später aussagte: »Sir Cosmo und ich haben gemeinsam entschieden, wohin wir ruderten.«

In der Zwischenzeit grübelte Heizer Pusey der Bemerkung von Lady Duff Gordon nach, als sie zu Miß Francatelli sagte, nun sei ihr Nachthemd dahin.

»Das ist doch unwichtig. Sie haben Ihr Leben gerettet, aber wir haben unsere ganze Ausrüstung verloren«, hatte er erwidert.

Pusey grübelte weiter, es arbeitete in ihm, und nach einer halben Stunde wandte er sich an Sir Cosmo.

»Ich nehme an, Sie haben alles verloren?«

»Natürlich.«

»Aber Sie können alles wieder neu kaufen.«

»Ja.«

»Also, wir haben unsere Ausrüstung verloren, und die Gesellschaft wird uns keine neue geben. Und das ist noch nicht alles. Ab heute erhalten wir keinen Lohn mehr!«

Sir Cosmo reichte es, und er sagte: »Na schön, ich gebe jedem von euch einen Fünfer für eine neue Ausrüstung.«

Das hat er auch getan, aber er sollte es bereuen. Das Monopol, das die Duff Gordons in Boot 1 hatten, die Tatsache, daß sie nicht zurückpullten, um Menschenleben zu retten, alles das ließ das Geschenk eher aussehen wie Bestechung.

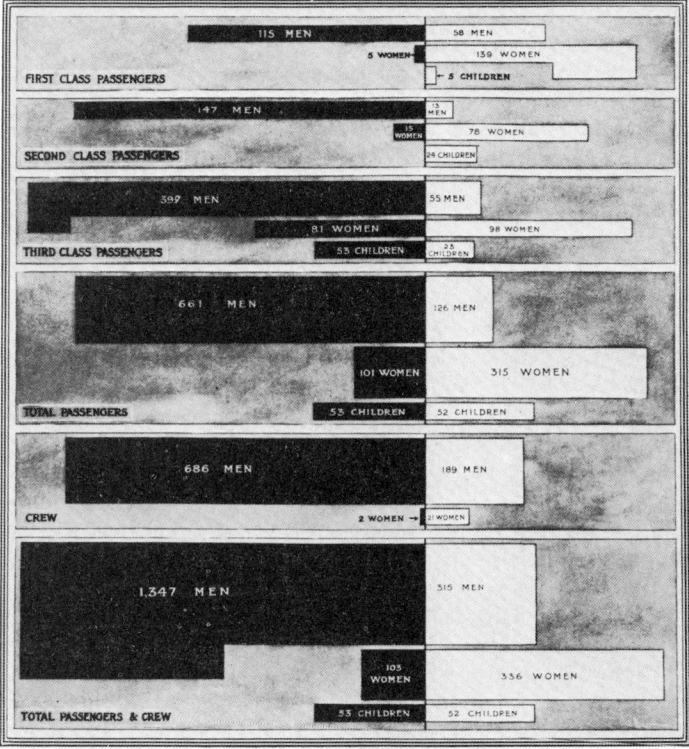

THE LOSS of the "TITANIC."
The Results Analysed and Shown in a Special "Sphere" Diagram
Drawn from the Official Figures Given in the House of Commons

FIRST CLASS PASSENGERS
115 MEN — 58 MEN
5 WOMEN — 139 WOMEN
5 CHILDREN

SECOND CLASS PASSENGERS
147 MEN — 13 MEN
15 WOMEN — 78 WOMEN
24 CHILDREN

THIRD CLASS PASSENGERS
397 MEN — 55 MEN
81 WOMEN — 98 WOMEN
53 CHILDREN — 23 CHILDREN

TOTAL PASSENGERS
661 MEN — 126 MEN
101 WOMEN — 315 WOMEN
53 CHILDREN — 52 CHILDREN

CREW
686 MEN — 189 MEN
2 WOMEN → 21 WOMEN

TOTAL PASSENGERS & CREW
1,347 MEN — 315 MEN
103 WOMEN — 336 WOMEN
53 CHILDREN — 52 CHILDREN

Die Statistik berichtet die Tragödie nur zum Teil. Die Todesopfer der dritten Klasse umfassen eine ganze Familie von elf Personen, die Familie Sage und alle fünf Kinder der Familie Rice.

Es war auch keine große Hilfe, als Lady Duff Gordon nach der Rettung die Männer in Schwimmwesten zu einem Erinnerungsfoto aufstellte – sie wirkten nach wie vor wie die Privatmannschaft der Duff Gordons. Noch später, als herauskam, daß Ausguck Symons – der eigentlich offiziell das Kommando auf dem Boot geführt hatte –, ehe er der britischen Untersuchungskommission vorgeführt wurde, einen Tag mit Sir Cosmos Rechtsanwalt verbracht hatte, sah es wirklich so aus, als habe Sir Cosmo sogar seinen persönlichen Steuermann gehabt.

Es gibt keine Beweise für eigentliche Schuld auf seiten Sir Cosmos – einzig kann man ihm extrem schlechten Geschmack vorwerfen.

Auch das Trinken schuf böses Blut in den Booten. Als Nummer 4 einen Matrosen aus dem Wasser fischte, hatte er eine Flasche Schnaps in der Tasche. Die wurde dann über Bord geworfen, denn, so erklärte der Besitzer Wochen später auf einer Pressekonferenz: »Ich hatte Angst, daß irgend so eine hysterische Person das Zeug trinken und dann Terror machen würde.«

Miß Eustis konnte da eine andere Version anbieten.

»Ein Mann war betrunken und hatte eine Schnapsflasche in der Tasche. Der Steuermann warf sie sogleich über Bord, und den Betrunkenen warfen wir auf den Boden des Bootes.«

In Boot 6 gab es andere Schwierigkeiten. Seit dem Augenblick, als Major Peuchen das Tau hinuntergeglitten war, um das Boot bemannen zu helfen, gab es Reibereien. Peuchen, der es gewohnt war, Befehle zu erteilen, konnte nicht widerstehen und versuchte, das Kommando an sich zu reißen. Steuermann Hitchens hatte dazu gänzlich andere Vorstellungen. Als sie sich vom Mutterschiff entfernten, ruderte Peuchen, und Hitchens saß am Ruder. Minuten später aber wollte Peuchen, daß Hitchens eine Dame ans Ruder lassen und selbst pullen sollte. Der Steuermann antwortete, er habe das Kommando, und Peuchens Job wäre es, zu pullen und den Mund zu halten.

Mühsam kroch das Boot dahin, es pullten nur Peuchen und Ausguck Fleet. Unter der Anleitung von Mrs. Brown pullten allmählich auch die Frauen mit, aber Hitchens blieb weiter am Ruder und rief ihnen zu, kräftiger zu pullen, um dem Sog der untergehenden Titanic zu entkommen.

Die Frauen begehrten auf, und als das Boot durch die Dunkelheit platschte, war die Nacht erfüllt von bitterem Gezänk. Die längste Zeit hielt Boot 6 auf das schemenhafte Licht am Horizont zu. Als klar wurde, daß sie es nie erreichen würden, eröffnete

Hitchens den Passagieren, nun sei alles verloren. Sie hätten kein Wasser, kein Essen, keinen Kompaß und keine Seekarten, sie wären Hunderte von Meilen vom Land entfernt und wüßten nicht mehr, in welche Richtung sie pullten.

Major Peuchen hatte zu dieser Zeit schon aufgegeben, aber die Frauen ließen ihm keine Ruhe. Mrs. Candee zeigte ihm grimmig den Nordstern. Mrs. Brown rief, er solle den Mund halten und pullen. Mrs. Meyer bewunderte ironisch seinen Mut.

Dann trafen Sie Boot 16, und Hitchens befahl, sich treiben zu lassen. Aber die Frauen konnten das nicht ertragen und bestanden darauf, weiterzupullen, um sich warmzuhalten. Mrs. Brown reichte einem rußigen Heizer, den man aus Boot 16 rekrutiert hatte, einen Riemen und befahl allen zu pullen. Hitchens stand auf, um ihr Einhalt zu gebieten, und Mrs. Brown sagte, wenn er noch einen Schritt näher käme, würfe sie ihn über Bord.

Er verkroch sich unter eine Decke und fing an, von dort aus Beleidigungen zu schreien. Mrs. Meyer blieb ihm keine Antwort schuldig. Sie warf ihm vor, alle Decken genommen und allen Whisky getrunken zu haben. Hitchens bestritt das entschieden. Der neuhinzugekommene Heizer wunderte sich, in was er da hineingeraten war, und rief verblüfft: »Ich muß schon sagen, wissen Sie denn nicht, daß Sie mit einer Dame sprechen?«

Hitchens brüllte zurück: »Ich weiß wohl, mit wem ich spreche. Ich führe das Kommando auf diesem Schiff.«

Aber die Rüge des Heizers hatte Erfolg. Der Steuermann schwieg von Stund' an. Boot 6 glitt durch die Nacht, an Bord der geschlagene Hitchens, Peuchen, der nicht mehr mitspielen wollte, und Mrs. Brown buchstäblich als Kommandant des Bootes.

Selbst unter den Männern, die sich verzweifelt an das gekenterte Boot B klammerten, gab es noch genügend Energie für Streitereien. Colonel Gracie – dessen Zähne klapperten und dessen verwirrtes Haar völlig steifgefroren war – bat einen Mann neben sich, der eine trockene Wollmütze trug, sie ihm ein paar Minuten zu leihen, um seinen Kopf zu wärmen.

»Und was soll ich in der Zeit machen?« fuhr ihn der Mann an.

Verständlicherweise waren die Nerven der Menschen auf Boot B ziemlich strapaziert. Die Luft leckte aus dem Bootskörper, und jede Minute sank es tiefer und tiefer ins Wasser. Das Meer schwappte hier und da über das Boot, und alle wußten, daß eine

Fifty-eight " men " of the first-class were saved; one hundred and thirty-four steerage women and children were lost.

Ganz egal, unter welchen Umständen die Männer der ersten Klasse überlebt hatten, sie wurden schief angesehen. Man beachte die Anführungszeichen um das Wort ›Männer‹ unter dieser Zeichnung des Londoner ›Daily Herald‹.

falsche Bewegung alles zum Kentern bringen würde. Was sie brauchten, war ein Kommandant mit einem klaren Kopf.

Wie erleichtert war Gracie, als er im Dunkeln die tiefe kräftige Stimme des Zweiten Offiziers Lightoller erkannte, und seine Erleichterung nahm zu, als ein, wenn auch etwas angeheiterter Matrose rief: »Wir wollen jetzt alle das machen, was uns der Offizier befiehlt.«

Lightoller reagierte schnell. Auch ihm war klar, daß man nur durch Organisation und geschickte Verteilung des Gewichts das Boot über Wasser halten konnte. Er ließ alle dreißig Insassen aufstehen und richtete sie in zwei Linien aus, Gesicht zum Bug. Dann befahl er ihnen, sich nach den Bewegungen der Wellen zu richten: »Nach rechts lehnen – aufrecht stehen – nach links lehnen.«

Als sie so dastanden und ihr Gewicht stetig verlagerten, fingen die Männer an zu rufen.

»Boot ahoi! Boot ahoi!«

Lightoller brachte sie endlich zum Schweigen und beschwor sie, sparsam mit ihren Kräften umzugehen.

Es wurde immer kälter, und wieder jammerte der Colonel über seinen kalten Kopf, diesmal bei Lightoller. Ein Mann bot ihnen eine Flasche an, aber sie lehnten ab und wiesen auf Walter Hurst, der bebte wie Espenlaub. Hurst hielt den Inhalt der Flasche für Brandy und nahm einen guten Schluck; fast wäre er erstickt – es war Pfefferminzextrakt.

Seltsamerweise sprachen sie viel. Beilagenkoch John Maynard erzählte von Kapitän Smith, der, kurz bevor die TITANIC sank, neben dem Boot hergeschwommen sei. Sie hatten ihn hochgezogen, aber er war wieder abgeglitten. Später behauptete Harry Senior, der Kapitän habe sich mit Absicht abrutschen lassen, er habe gesagt: »Ich will meinem Schiff folgen!«

Das mag stimmen, nur behauptet Hurst, der Kapitän habe das Boot nie erreicht. Außerdem war Senior einer der letzten, der am Boot anlangte – wahrscheinlich zu spät, um den Kapitän selbst gesehen zu haben.

Aber hauptsächlich sprach man von einer möglichen Rettung. Bald entdeckte Lightoller Harold Bride, den jungen Funker, der sich am Heck des Schiffes aufhielt. Er rief ihm von seinem Platz am Bug zu, welche Schiffe in der Nähe unterwegs seien, und Bride brüllte die Namen zurück:

»Die BALTIC – die OLYMPIC – die CARPATHIA . . .«

Lightoller rechnete damit, daß die CARPATHIA bei Tagesanbruch auftauchen würde. Schnell machte die Mitteilung die Runde, und die allgemeine Niedergeschlagenheit ließ etwas nach.

Von da an beobachteten sie den Horizont, um ein Zeichen des Schiffes zu erspähen. Ab und zu wurden sie von den grünen Leuchtfeuern, die Boxhall in Boot 2 abschoß, aufgemuntert. Alle, auch Lightoller, glaubten, es handle sich um ein großes Schiff.

Langsam verging die Nacht. Als es dämmerte, erhob sich eine

kleine Brise. Die Luft wurde noch eisiger, die See rauh. Bitterkalte Wellen wuschen über das Boot, über die Füße der Männer, ihre Waden, ihre Knie. Der Gischt sprühte stechend auf die Leiber und ließ die Augen blind werden. Ein Mann um den anderen rutschte ab und verschwand im Wasser. Die übrigen schwiegen.

Dann schwieg auch die See. Keine Spuren von Leben waren weit und breit zu entdecken, und als es hell zu werden begann, lag der Atlantik da wie ein großer Spiegel.

Aber da gab es einen Mann, der noch lebte – dank der erstaunlichen Kombination von Initiative, Glück und Alkohol. Vor vier Stunden war der Bäckermeister Charles Joughin von dem kratzenden Geräusch erwacht, wie viele andere an Bord der Titanic, und ebenso hatte er auch den Ruf vernommen, der kurz nach Mitternacht alle Mann an Deck rief.

Aber Joughin meldete sich nicht auf dem Bootsdeck. Er sagte sich, wenn Boote gebraucht würden, würde auch Proviant benötigt, und auf eigene Initiative hin ließ er seine dreizehn Bäcker die Speisekammer der Titanic plündern und alles Brot mitnehmen. Die Bäcker zogen nach oben, und jeder trug vier Laib Brot. Joughin kehrte zu seiner Kabine auf dem E-Deck zurück, um einen Schluck Whisky zu nehmen.

Etwa gegen o Uhr 30 fühlte er sich stark genug, um erneut die Treppen zu erklimmen und sich zu dem ihm zugeordneten Boot Nummer 10 zu begeben. Zu diesem Zeitpunkt war es noch schwierig, die Damen zum Besteigen des Bootes zu veranlassen, deshalb benutzte Joughin eigene Methoden. Er ging hinunter auf das Promenadendeck und zerrte ein paar Damen mit Gewalt nach oben. Dann, nach seinen eigenen Worten, ›warf‹ er sie in die Boote. Rauh, aber erfolgreich.

Joughin war Boot 10 als Matrose zugeteilt, aber er glaubte, es gäbe genug Männer im Boot. Also sprang er heraus und half, es zu Wasser zu fieren. Mitzufahren, so sagte er, »würde ein schlechtes Beispiel gegeben haben.«

Mittlerweile war es 1 Uhr 20 geworden, und wieder stolperte er die sich neigenden Treppen zu seiner Kabine auf dem E-Deck hinunter und goß sich einen hinter die Binde. Er setzte sich aufs Bett und hielt sein Glas in der Hand. Aus dem Augenwinkel sah er, wie das Wasser nun durch die Türritzen drang und auf dem Linoleumboden schwappte. Aber das interessierte ihn nicht weiter. Seine Schuhe standen schon im Wasser.

Gegen 1 Uhr 45 sah er ausgerechnet den sanften alten Dr. O'Loughlin auf dem E-Deck herumschnüffeln. Joughin wunderte sich seltsamerweise nicht darüber, was der alte Herr hier unten zu suchen habe, aber die Nähe der Speisekammer läßt vermuten, daß die beiden ähnliche Ideen hatten.

Auf jeden Fall begrüßte Joughin ihn kurz und kehrte aufs Bootsdeck zurück. Keinesfalls zu früh. Die TITANIC hatte mittlerweile heftige Schlagseite und hing ziemlich schief im Wasser. Das Begehen der Treppe wäre kurz danach nicht mehr möglich gewesen.

Alle Boote waren abgefahren, aber Joughin war weit davon entfernt, sich entmutigen zu lassen. Er stieg hinunter auf das B-Deck und begann, Deckstühle durch das Fenster zu werfen. Andere Leute sahen zu, halfen aber nicht. Insgesamt warf er etwa 50 Stühle über Bord. Eine ermüdende Arbeit. Als er den letzten Stuhl in die Ecke geschleift und durch das Fenster manövriert hatte, zog sich Joughin erneut in die Speisekammer auf der Steuerbordseite des A-Decks zurück. Nun war es 2 Uhr 10.

Er löschte seinen Durst – diesmal mit Wasser – und hörte ein Krachen, als wäre etwas geplatzt. Schon flogen ihm die Teller und Tassen in der Speisekammer um die Ohren, die Lichter wurden rot. Über sich hörte er das Poltern vieler Füße, die achtern rannten.

Er schoß aus der Speisekammer zum Heckende des A-Decks. Direkt vor ihm rannten viele Menschen, andere stolperten vom Bootsdeck herunter. Er hielt sich aus dem Gewühl heraus und blieb am Ende der Schlange. Er stürmte die Treppe zum B-Deck herunter und zum Welldeck. Als er dort ankam, durchlief ein grauenhaftes Rucken das große Schiff. Das Heck richtete sich mit einemmal auf und schleuderte die Menschen als wirren Haufen in die Reling an der Bugseite.

Nur Joughin verlor nicht sein Gleichgewicht. Aufmerksam, aber ganz entspannt hielt er wunderbar die Balance. Das Heck hob sich noch mehr. Das Deck stand nun so schräg, daß man nicht mehr darauf stehen konnte, und Joughin schlüpfte über die Steuerbordreling. Er hantelte sich nach oben, hielt von außen an der Reling, bis er die weißgestrichenen Stahlplatten des Achterdecks erreichte. Nun stand er auf dem gerundeten Heck des Schiffes, welches jetzt 50 Meter hoch aus dem Wasser ragte.

Nebenbei gurtete sich Joughin nun die Schwimmweste um. Er

sah auf die Uhr. 2 Uhr 15. Er überlegte, wie er nun vorgehen sollte, als er fühlte, wie das Heck unter ihm wegtauchte. Es war, als stünde man im Fahrstuhl. Die See schloß sich über dem Heck. Joughin machte einen Schritt ins Wasser. Er machte sich nicht einmal den Hut naß.

Und so paddelte er von dannen, das eisige Wasser konnte ihm wenig anhaben. Über eine Stunde trieb er so herum und bewegte Arme und Beine gerade so viel, daß er nicht unterging. »Da ist nichts dabei«, erklärt er heute fröhlich.

Etwa gegen vier Uhr entdeckte er etwas, was er für ein Wrackteil hielt. Aber im ersten Grau des Morgens zeigte es sich, daß es das umgeschlagene Boot B war.

Der Kiel war vollbesetzt, und er konnte nicht aufsteigen, so hielt er sich eine Zeitlang neben dem Schiff, bis er einen alten Freund aus der Küche – Beilagenkoch John Maynard – entdeckte. Maynard hielt ihm die Hand hin, und Joughin hängte sich daran und trat Wasser; er war immer noch vollkommen isoliert vom Alkohol.

Die anderen bemerkten ihn nicht – teilweise, weil sie viel zu erstarrt waren, um sich um ihn zu kümmern, teilweise auch, weil alle Augen den Horizont im Südosten absuchten.

Kurz nach 3 Uhr 30 sah man es zum erstenmal – einen weit entfernten aufflammenden Lichtschein, der von einem gedämpften Knall begleitet wurde. In Boot Nummer 6 rief Miß Norton: »Ein Blitz!« Hitchens widersprach: »Eine Sternschnuppe!«

In Nummer 13 lag ein Heizer am Boden, halb tot vor Kälte. Er fuhr auf und schrie: »Das war eine Kanone!«

In Nummer 8 traute Matrose Jones kaum seinen Augen. Er wandte sich an die Gräfin Rothes, die neben ihm pullte, und flüsterte: »Können Sie auch die Lichter sehen? Schauen Sie mal vom nächsten Wellenberg aus, aber sagen Sie nichts, für den Fall, daß ich mich getäuscht haben sollte.«

Als sich das Boot hob, suchte die Gräfin den Horizont mit den Augen ab. Weit entfernt entdeckte sie ein trübes Licht. Augenblicke später gab es keinen Zweifel mehr, und sie sagte es allen anderen.

Das Licht wurde heller, ein zweites kam dazu, dann noch eines, schließlich Reihe auf Reihe. Ein großer Dampfer stampfte näher und schoß Raketen ab, um den Menschen von der TITANIC zu zeigen, daß Hilfe unterwegs war. In Nummer 9 schrie der

Die Passagiere der ersten Klasse reisten mit Stil. Mrs. Charlotte Cardoza führte vierzehn Koffer mit sich, in denen sich unter anderem 70 Kleider, 38 Federboas und 91 Paar Handschuhe befanden. Das Foto zeigt das Gepäck auf dem Zubringerschiff neben dem Schwesterschiff OLYMPIC.

Schiffsjunge Paddy McGough plötzlich aus voller Lunge: »Wir wollen alle beten, da ist ein Schiff am Horizont. Es hält auf uns zu!«

Die Männer in Boot B jubelten und schrien durcheinander. Jemand zündete in Nummer 3 eine Zeitung an und winkte wild damit in der Luft herum, dann kam Mrs. Davidsons Strohhut an die Reihe – der würde länger brennen. In Mrs. A. S. Jerwans Boot tauchte man Taschentücher in Terpentin und zündete sie an. In Nummer 13 drehte man eine Fackel aus Briefen. Boxhall ließ das letzte grüne Leuchtfeuer steigen. In Nummer 8 schwang Mrs. White ihren beleuchteten Stock.

Jubel und Erleichterungsschreie klangen über das Wasser. Selbst die Natur schien sich mit ihnen zu freuen. Die lange Nacht machte einer zartlila Morgendämmerung Platz, die in ein korallenrotes Licht überging.

Aber nicht alle konnten das noch erleben. In dem halb voll Wasser stehenden Boot A versuchte Olaus Abelseth den Lebensfunken eines neben ihm liegenden Mannes noch einmal zu entfachen. Als es Tag wurde, richtete er den Mann an den Schultern auf und bettelte: »Schau, ein Schiff kommt, reiß dich zusammen!«

Er nahm seine Hand und hob sie hoch, schüttelte ihn bei den Schultern. Der Mann flüsterte nur: »Wer sind Sie?«

Und später: »Lassen Sie mich . . . Wer sind Sie?«

Abelseth hielt ihn eine Weile, aber er war selbst so erschöpft, daß er ihn an die Bootswand lehnen mußte. Eine halbe Stunde später explodierte der ganze Himmel in warmen fließenden Gold- und Rottönen, aber der Mann konnte es nicht mehr sehen.

9

»Wir fahren wie der Teufel!«

Mrs. Anne Crain wunderte sich, in ihrer Kabine auf dem Cunarder CARPATHIA roch es nach frisch gekochtem Kaffee. Das Schiff
kam aus New York und war auf dem Weg ins Mittelmeer. Es
war die vierte Reisenacht um ein Uhr, und mittlerweile kannte
sich Mrs. Crain so gut auf dem kleinen Schiff aus, um zu wissen,
daß jede Abweichung von der Norm, ganz zu schweigen vom
nächtlichen Kaffeekochen, etwas zu bedeuten hatte.

Gegenüber auf demselben Korridor lag die Kabine von Miß
Ann Peterson. Auch sie lag wach in ihrer Koje und fragte sich,
wieso alle Lichter brannten. Normalerweise lag die CARPATHIA
um diese Zeit längst im Dunkeln.

Mr. Howard M. Chapin fühlte sich eher ängstlich als verblüfft. Er schlief im oberen Bett der Kabine auf dem A-Deck.
Sein Gesicht lag nur ein paar Zentimeter unter den Decksplanken
über ihm. Irgendwann nach Mitternacht weckte ihn ein seltsames
Geräusch direkt über seinem Kopf. Tags zuvor hatte er ein Rettungsboot entdeckt, das über seiner Kabine vertäut lag. Nun
hörte er einen Mann über sich auf Deck niederknien. Sicher
machte er das Boot los. Etwas war nicht in Ordnung.

Mrs. Louis M. Ogden erwachte davon, daß sie fror. Das Schiff
schien sehr viel schneller als zuvor zu fahren. Sie hörte Geräu-
sche über sich, laut, es mußte etwas passiert sein. Sie schüttelte
ihren schlafenden Ehemann, aber seine Diagnose beruhigte sie
in keiner Weise. Oben schlugen die Matrosen die Blöcke, die die
Rettungsboote festhielten, zur Seite. Mrs. Ogden machte die Tür
auf und sah eine Reihe von Stewards, die Decken und Matratzen
trugen: kein sehr beruhigender Anblick.

Überall auf dem Schiff lauschten aufgeschreckte Schläfer den
ruhelosen Füßen, den unterdrückten Befehlen, den quietschenden
Kranwinden. Einige wunderten sich über die Maschinen ... Sie
schienen viel lauter zu stampfen als gewohnt, viel schneller. Die
Matratzen bebten, die Waschtische und Zahnputzgläser klapperten wild, das Holz ächzte unter der Spannung. Drehte man den
Hahn auf, floß nur kaltes Wasser – drehte man an der Heizung,

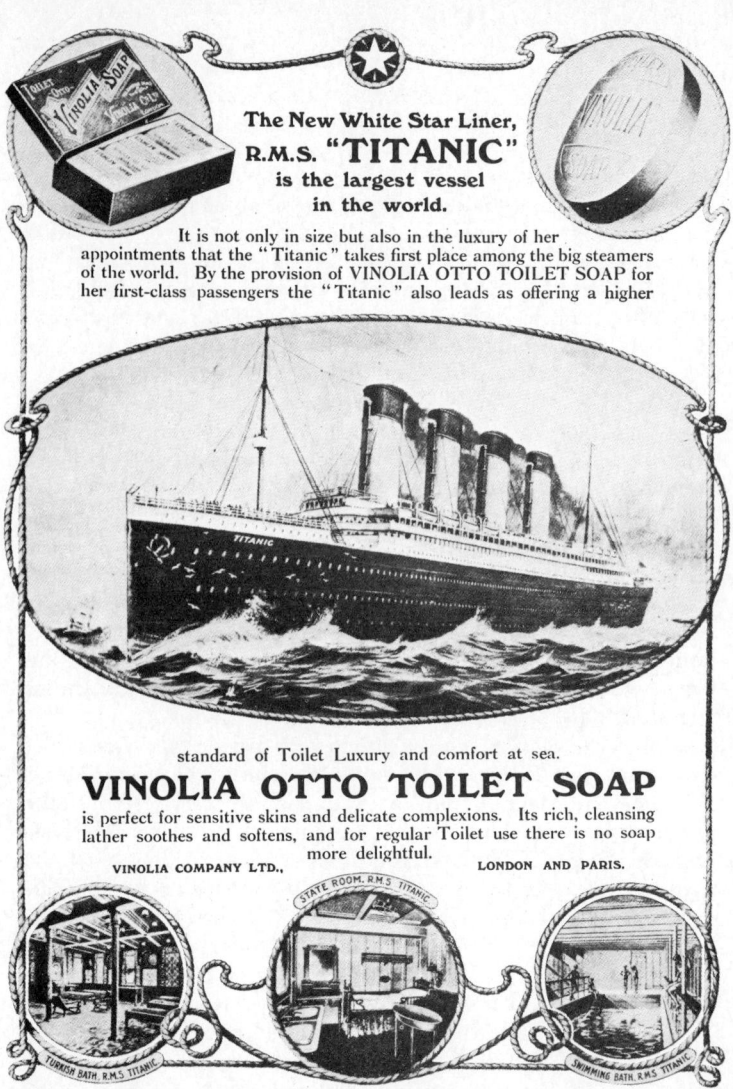

The New White Star Liner, R.M.S. "TITANIC" is the largest vessel in the world.

It is not only in size but also in the luxury of her appointments that the "Titanic" takes first place among the big steamers of the world. By the provision of VINOLIA OTTO TOILET SOAP for her first-class passengers the "Titanic" also leads as offering a higher

standard of Toilet Luxury and comfort at sea.

VINOLIA OTTO TOILET SOAP

is perfect for sensitive skins and delicate complexions. Its rich, cleansing lather soothes and softens, and for regular Toilet use there is no soap more delightful.

VINOLIA COMPANY LTD.,   LONDON AND PARIS.

Die erste Klasse bekam alles nur vom Besten, selbst wenn es um die luxuriösen Toiletten auf See ging.

wurde sie nicht warm. Es schien, als fräßen die Schiffsmotoren jede einzelne Unze Dampf auf.

Das Merkwürdigste war die plötzliche Kälte. Die CARPATHIA hatte am 11. April New York verlassen und sich auf die Reise nach Gibraltar, Genua, Neapel, Triest und Fiume gemacht. Ihre 150 Passagiere reisten hauptsächlich in der ersten Klasse – ältliche Amerikaner, die in dieser ›Vorflorida-Ära‹ der Sonne nachfuhren. Ihre 575 Zwischendeckpassagiere waren hauptsächlich Italiener und Slawen, die in ihre sonnige Heimat zurückkehrten. Alle hatten an diesem Sonntagnachmittag die herrliche Brise des Golfstroms geschnuppert. Gegen 17 Uhr wurde es so warm, daß Mr. Chapin seinen Deckstuhl in den Schatten gerückt hatte. Nun aber war eine erstaunliche Veränderung vor sich gegangen. Ein steifer eisiger Hauch durchfuhr das ganze Schiff; die Luft schmeckte nach Atlantik.

Auf der Brücke fragte sich Kapitän Arthur H. Rostron, ob er etwas übersehen habe. Er fuhr seit 27 Jahren zur See – 17 davon bei der Cunard-Linie –, dies aber war erst sein zweites Jahr als Kapitän und sein dritter Monat auf der CARPATHIA. Der Hilferuf der TITANIC war der erste Prüfstein seiner Karriere.

Als das CQD aufgefangen wurde, war Rostron schon zu Bett gegangen. Harold Cottam, der Funker, gab den Funkspruch eiligst dem Ersten Offizier Dean auf der Brücke weiter. Beide stürzten die Treppe hinunter, durch den Kartenraum und platzten in die Kabine des Kapitäns. Rostron, der auf Disziplin den größten Wert legte, selbst, wenn er halb schlief, fragte sich, was aus dem Schiff werden würde, mit Leuten, die auf diese Art nachts in sein Zimmer polterten.

Er erwartete, daß man vorher klopfte, aber ehe er sie rügen konnte, sprudelte Dean die Neuigkeit hervor.

Rostron schoß aus dem Bett, befahl, das Schiff zu wenden. Nachdem der Befehl ausgeführt war, vergewisserte er sich nochmals bei Cottam: »Sind Sie sicher, daß das die TITANIC war, die unbedingt Hilfe braucht?«

»Ja, Sir.«

»Sind Sie völlig sicher?«

»Völlig sicher, Sir.«

»Gut, dann sagen Sie ihnen, wir kommen so schnell wir können.«

Rostron stürzte in den Kartenraum und arbeitete den neuen

Kurs der CARPATHIA aus. Während er so rechnete und schrieb, sah er den Bootsmaat vorbeilaufen, der eben eine Matrosenriege zum Deckschrubben einteilte. Rostron rief ihm zu, das zu lassen und sich daran zu machen, die Boote herzurichten. Der Maat rang nach Luft. Rostron beruhigte ihn.

»Wir müssen einem Schiff in Not helfen.«

In wenigen Minuten war der neue Kurs bestimmt – Nord 52 West. Die CARPATHIA war 58 Meilen vom Unglücksort entfernt. Bei 14 Knoten bedeutete das vier Stunden, um hinzukommen. Zu lange.

Rostron ließ Chefingenieur John Stone kommen und sagte ihm, er solle die Leute wecken, die gerade keinen Dienst taten, sowie die Heizung und das heiße Wasser zu sperren. Jeder Fetzen Dampf müsse in die Kessel!

Als nächstes rief er den Ersten Offizier Dean zu sich und befahl ihm, alle Routinearbeiten niederzulegen und das Schiff für die Rettungsarbeiten zu organisieren. Besonders alle Boote aufzutakeln und auszuschwenken, die elektrischen Leitungen am Schiffsrumpf zu entfernen, alle Gangways zu öffnen, jede Öffnung mit gespannten Seilen zu blockieren, Tauschlingensitze zum Transport der Kranken und Verletzten zu fertigen, dazu Segeltuchsäcke, um an der Gangway Kinder heraufziehen zu können, Leitern an den Schiffsseiten herabzulassen, die Ladenetze einzuziehen, um den Menschen das Anbordkommen zu erleichtern, die Davits auf dem Vorschiff fertig zu machen, um Post und Gepäck an Bord zu ziehen, Öl bereitzustellen, um sie in die Toiletten zu gießen, falls die See rauh werden sollte.

Dann rief er den Schiffsarzt Dr. McGhee und befahl ihm, alle Heilmittel und Stimulanzien auf dem Schiff zu sammeln, in jedem Speisesalon eine Erste-Hilfe-Station zu installieren, den ungarischen Arzt in die dritte Klasse zu senden, den italienischen in die zweite Klasse, McGhee in die erste Klasse.

Nun war Kassierer Brown an der Reihe:

Er sollte sich an der Gangway postieren, der Chefsteward an eine andere und der zweite Kassierer an die dritte. Sie sollten die Passagiere der TITANIC entgegennehmen, ihre Namen aufschreiben, sie zu dem ihnen zugeteilten Speisesalon leiten (je nach Klasse), um sie dort ärztlich untersuchen zu lassen.

Zuletzt folgten die Anweisungen für Chefsteward Harry Hughes: Alle Mann wecken ... Kaffee für alle ... Suppe, Kaf-

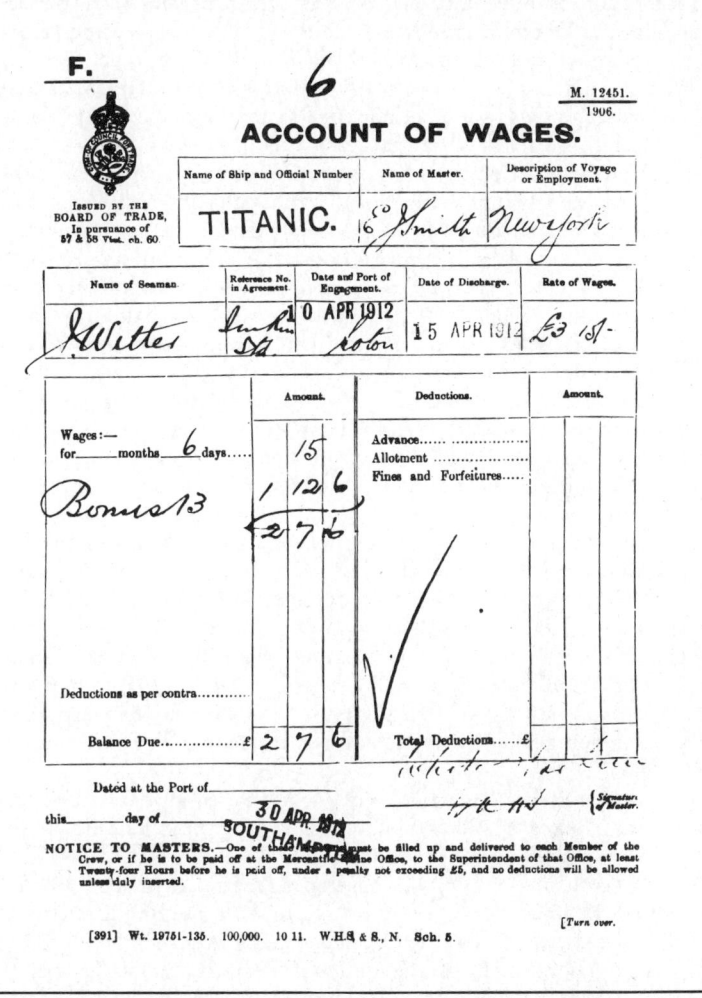

F.

6

M. 12451.
1906.

ACCOUNT OF WAGES.

Name of Ship and Official Number	Name of Master.	Description of Voyage or Employment.
TITANIC.	E. J. Smith	New York

Name of Seaman.	Reference No. in Agreement.	Date and Port of Engagement.	Date of Discharge.	Rate of Wages.
J. Witter	Sinkin SD	10 APR 1912 Soton	15 APR 1912	£3 1s-

	Amount.	Deductions.	Amount.
Wages :— for ____ months 6 days....	15	Advance...........	
Bonus 13	1 12 6	Allotment	
	2 7 6	Fines and Forfeitures.....	
Deductions as per contra...........			
Balance Due.............£ 2 7 6		Total Deductions...£	

Dated at the Port of _____

this ____ day of _____ 30 APR 1912 SOUTH___

[Turn over.

Für die Besatzung war das Leben etwas härter. Diese Quittung zeigt, daß Steward James Witters Lohn nur bis zu dem Moment gezahlt wurde, als sich die Wasser über der TITANIC schlossen.

fee, Tee, Brandy und Whisky für die Überlebenden bereitstellen ... Decken neben jedem Gangway stapeln ... Rauchsalon, Halle und Bibliothek in Schlafsäle für die Geretteten verwandeln ... Die Passagiere der dritten Klasse auf der CARPATHIA eng zusammenlegen, um dort die Passagiere der dritten Klasse aus der TITANIC mit unterzubringen.

Dazu befahl Rostron unbedingte Ruhe. Man würde die nächsten Stunden alle Hände voll zu tun haben, ohne daß man sich auch noch mit aufgeregten Passagieren herumärgern müsse. Je länger die schliefen, um so besser. Als Vorsichtsmaßnahme wurden in jedem Korridor Stewards aufgestellt. Sie sollten jedem herumschleichenden Passagier erklären, daß die CARPATHIA keineswegs in Gefahr wäre, und die Leute dringend bitten, in ihre Betten zurückzukehren.

Dann schickte er einen Inspektor, den Schiffsprofos und eine Spezialabordnung von Stewards hinunter, um die Zwischendeckpassagiere in Schach zu halten. Immerhin wußte man nicht, wie sie darauf reagieren würden, wenn man sie zusammenpferchte.

Das Schiff füllte sich mit Betriebsamkeit. Im Maschinenraum sah es so aus, als habe plötzlich jeder eine Schaufel zur Hand, und Kohle stürzte in schwarzen Strömen in die Feuer. Die Mannschaft, die keinen Dienst hatte, sprang aus den Betten und half mit. Viele nahmen sich nicht einmal die Zeit, sich anzuziehen. Immer schneller und schneller glitt das alte Schiff durch die Wogen: 14 ... 14,5 ... 15 ... 16,5 ... 17 Knoten. Niemand hätte zu träumen gewagt, daß das alte Schiff so schnelle Fahrt machen könne.

Im Mannschaftsquartier weckte ein Zupfen an der Decke den Steward Robert H. Vaughan aus dem Schlaf. Eine Stimme befahl ihm, aufzustehen und sich anzuziehen. Es war stockdunkel, aber Vaughan hörte, wie ringsum seine Kameraden in ihre Kleider fuhren. Er fragte, was geschehen sei, und die Stimme antwortete, die CARPATHIA sei auf einen Eisberg aufgefahren.

Vaughan taumelte an das Bullauge und sah hinaus. Das Schiff machte gute Fahrt, weißer Schaum teilte sich an ihrem Bug, offenbar fehlte ihr nichts. Entsetzt zogen sich die Männer im Dunkeln weiter an; jemand mußte die einzige Glühbirne im Raum herausgeschraubt haben.

Als sie an Deck erschienen, befahl ihnen ein Offizier, Decken zusammenzusuchen. Dann brauchte man sie im Speisesalon erster Klasse. Dort ging es zu wie in einem Ameisenhaufen. Männer, die Tische verrückten, Stühle trugen, den Schnaps aus der Bar ans Büfett trugen. Aber immer noch konnten Vaughan und seine Kameraden nicht erraten, was hier eigentlich gespielt wurde. Irgendwo kam das Gerücht auf, daß Kapitän Rostron 3000 Decken brauche für ›so viele Extrapassagiere‹. Warum, wußte keiner.

Um 1 Uhr 15 erfuhren sie es dann. Man rief alle Stewards in den Hauptspeiseraum, und dort hielt ihnen Chefsteward Hughes eine kleine Ansprache. Er sprach zu ihnen von der TITANIC, erklärte ihnen ihre Pflichten, pausierte und führte dann mit folgendem Satz zu Ende: »Jeder Mann bleibt auf seinem Posten. Jeder versieht voll seine Pflicht, wie ein richtiger Engländer. Wenn die Situation es befiehlt, wollen wir eine neue ruhmreiche Seite im Buch der englischen Geschichte schreiben.«

Die Stewards machten sich weiter an die Arbeit. Die meisten trugen Decken aus den Bettzeugschränken hinauf zu den Gangways. Diese Männer waren es auch, die Louis Ogden erspähten, als er den Kopf zum erstenmal aus seiner Kabine gereckt hatte. Nun wollte er es noch einmal probieren. Er schnappte sich Dr. McGhee, der vorbeikam, aber der Chirurg sagte nichts weiter als: »Bitte, bleiben Sie in Ihrer Kabine – Befehl des Kapitäns!«

»Ja, aber was ist denn los?«

»Ein Unfall, aber nicht auf unserem Schiff. Bitte, bleiben Sie in der Kabine!«

Mr. Ogden berichtete das seiner Frau. Aus unerfindlichen Gründen glaubte er, die CARPATHIA stehe in Flammen und rase durch den Ozean, um Hilfe zu holen. Er zog sich an und schlüpfte an Deck, suchte einen Steuermann, den er kannte, und fragte ihn. Diesmal erhielt er die richtige Antwort: »Auf der TITANIC hat es einen Unfall gegeben.«

»Da müssen Sie mir schon Genaueres sagen«, entgegnete Ogden triumphierend. »Die TITANIC ist auf der Nordroute, und wir sind nach Süden unterwegs.«

»Wir fahren nach Norden wie der Teufel. Gehen Sie zurück in Ihre Kabine.«

Mr. Ogden erstattete erneut seiner Frau Bericht. Sie fragte ihn: »Glaubst du das?«

»Nein«, sagte er, »steh auf und zieh deine wärmsten Kleider an.«

Nun war Ogden alles klar: Die TITANIC war unsinkbar, also mußte der Doktor versucht haben, irgend etwas zu verheimlichen. Diese ›erfundene‹ Geschichte bestätigte seine schlimmsten Befürchtungen: Die CARPATHIA war in Gefahr. Sie mußten fliehen. Irgendwie gelang es ihnen, an Deck zu schlüpfen.

Auch anderen Passagieren gelang es, sich nach oben zu schmuggeln. Sie teilten sich gegenseitig ihre Beobachtungen mit. Eine kleine Verschwörergruppe, die sich vor der eigenen Mannschaft versteckte. Nach und nach wurde offenbar, daß sich die CARPATHIA in keiner Gefahr befand, und doch wollte niemand die Geschichte mit der TITANIC glauben. Wieso rasten sie mit halsbrecherischem Tempo durch die Nacht. Fragen konnten sie nicht, sonst hätte man sie wieder ins Bett getrieben. So versteckten sie sich in den Schatten und spähten in die Dunkelheit. Niemand vermochte zu sagen, was sie dort zu sehen erwarteten.

Tatsache war, daß niemand auf der CARPATHIA wußte, wonach man Ausschau halten sollte. Im Funkraum über dem Rauchsalon zweiter Klasse gelang es dem Funker Harold Cottam nicht mehr, Verbindung mit der TITANIC aufzunehmen. Sein Gerät war schwach – Reichweite 150 Meilen –, und er war sich nicht sicher, was geschehen war. Vielleicht funkte die TITANIC noch, aber ihre Signale waren zu schwach, um von der CARPATHIA empfangen zu werden.

Andererseits waren die Botschaften bis jetzt alle besorgniserregend gewesen. Um 1 Uhr hatte er gehört, wie die TITANIC der OLYMPIC funkte: »Bitte macht eure Boote fertig, wir sinken sehr schnell am Bug . . .«

Um 1 Uhr 10: »Wir sinken kopfunter . . .«

1 Uhr 35: »Maschinenraum unter Wasser.«

Einmal fragte man von der TITANIC bei Cottam an, wie lange

Der Cunarder CARPATHIA *eilte der* TITANIC *von einer Entfernung von 58 Meilen zur Hilfe. Der untersetzte 12 000-Tonner machte normal 14 Knoten, in dieser Nacht schaffte er 17 Knoten.*

die CARPATHIA brauche, um zu kommen. »Etwa vier Stunden«, instruierte ihn Rostron; er wußte nicht, was die CARPATHIA zu leisten vermochte.

Dann, um 1 Uhr 50, ein letztes verzweifeltes Flehen.

»Komm so schnell du kannst, alter Junge. Wir sinken. Der Maschinenraum steht bis über die Kessel im Wasser.«

Danach herrschte Schweigen.

Nun war es nach 2 Uhr, und immer noch hing Cottam aufmerksam und besorgt am Gerät. Einmal steckte Miß Petersen den Kopf herein und bemerkte, daß er trotz der beißenden Kälte nur in Hemdsärmeln war. Als das erste CQD eintraf, hatte er gerade angefangen, sich auszuziehen und hatte nicht die Zeit gehabt, seinen Mantel wieder überzustreifen.

Oben auf der Brücke machte sich auch Rostron seine Gedanken. Er hatte seine Mannschaft organisiert, alles veranlaßt, was ihm eingefallen war, und nun kam die härteste Prüfung – zu warten. Neben ihm stand der Zweite Offizier James Bisset, weiter vorn zwei weitere Leute am Ausguck. Alle suchten beständig das Meer nach Eisbergen und der TITANIC ab. Aber bis jetzt war nichts zu sehen – nur eine spiegelglatte See, gleißende Sterne und ein klarer, leerer Horizont.

Um 2 Uhr 35 kam Doktor McGhee die Leiter zur Brücke herauf und teilte Rostron mit, alles sei bereit. Als er sprach, entdeckte Rostron plötzlich einen grünen Widerschein am Horizont, etwa einen Strich vor dem Bug.

»Das ist ihr Licht!« rief er. »Sie muß noch schwimmen!«

So sah es wirklich aus. Der grüne Schein war offenbar noch weit entfernt. Um ihn überhaupt bemerken zu können, mußte sich die Lichtquelle weit über der Wasseroberfläche befinden. Es war erst 2 Uhr 40, vielleicht kam die CARPATHIA doch noch rechtzeitig an.

Dann, um 2 Uhr 45, entdeckte Offizier Bisset einen kleinen Lichtschein, der zwei Strich vor dem Bug aufglitzerte. Es war der erste Eisberg, der das Licht der Sterne widerspiegelte.

Dann noch einer, später ein dritter – sich windend und drehend umfuhr die CARPATHIA nun Eisberge aller Größen, ohne ihre Geschwindigkeit zu drosseln. Volle Fahrt voraus; die Männer hielten gespannt Ausschau nach neuen Eisbergen. Ab und zu leuchtete weit entfernt das grüne Licht auf.

Nun, da alles bereit war, hatten die Stewards frei. Robert

Kapitän Rostron und seine Offiziere. Als die CARPATHIA *zur Unglücksstelle dampfte, organisierte Erster Offizier Dean (stehend fünfter von links) das Schiff für die Rettungs- und Bergungsarbeiten.*

Vaughan und seine Kameraden begaben sich auf das Achterdeck und spielten dort wie Boxer, die sich zum Kampf aufwärmen. Sie tanzten herum und balgten sich, um warm zu werden. Einmal glitt an Steuerbord ein riesiger Eisberg vorbei. Ein Mann rief: »He, Freunde, seht euch mal den riesigen Eisbären an, wie er sich mit 'nem Eisbrocken am Kopf kratzt!«

Kein überwältigender Witz, aber die Männer lachten darüber. Die CARPATHIA hastete weiter.

Sie feuerten nun Raketen ab. Alle fünfzehn Minuten eine Rakete, dazwischen eines von Cunards ›Römischen Lichtern‹. Das Gerücht ging von Mund zu Mund, man könne die TITANIC sehen. Unten im Speisesalon nahmen die Stewards ihre Plätze ein. Die Heizer im Kesselraum schaufelten womöglich noch eifriger. An den Gangways und an den Booten standen die Männer bereit. Alle waren über die Maßen aufgeregt, und die CARPATHIA selber bebte am ganzen Leib. Ein alter Seemann bemerkte: »Das alte Schiff war so aufgeregt wie wir alle.«

Aber Rostron sank das Herz. Um 3 Uhr 35 hatten sie die Position der TITANIC erreicht, und immer noch war nichts von ihr zu sehen. Also war der grüne Schein doch nicht so weit oben gewesen, wie er gedacht hatte. Es hatte nur an der gleißenden, hellen Nacht gelegen, deshalb hatte er ihn von so weit sehen können. Um 3 Uhr 50 verlangsamte er die Fahrt, um 4 Uhr waren sie zur Stelle. Er stellte die Maschinen ab.

Gerade da stieg ein neues grünes Leuchtfeuer in den Nachthimmel. Unmittelbar vor ihnen über dem Wasser. Das Licht zeigte ihnen den schemenhaften Umriß eines Rettungsbootes, das etwa hundert Meter entfernt war. Rostron ließ die Motoren touren und manövrierte die CARPATHIA so an das Boot heran, daß sie es in Leestellung an Backbord aufnehmen konnten. Eine Sekunde später gewahrte er einen mächtigen Eisberg vor dem Bug. Er mußte eine Wendung vollziehen, um eine Kollision zu vermeiden.

Das Rettungsboot stand nun in Luv, und behutsam manövrierte er das große Schiff an das Boot heran.

Die See wurde unter einer plötzlichen Bö rauh, und eine Stimme aus dem Dunkel rief: »Wir haben nur einen Matrosen, wir können schlecht manövrieren.«

»Gut«, antwortete Rostron und näherte sich, so sanft er konnte, mit der CARPATHIA, bis er die Stimme wieder hörte.

»Stoppen Sie Ihre Maschinen!«

Das war Vierter Offizier Boxhall in Boot 2. Neben ihm erlitt Mrs. Walter Douglas aus Minneapolis einen hysterischen Anfall.

»Die TITANIC«, kreischte sie, »ist mit Mann und Maus untergegangen.«

Boxhall rief: »Mund halten!«

Das klang so scharf, daß sie sofort schwieg. Sie riß sich zusammen und gab auch später zu, er habe recht gehabt, sie so anzufahren.

Auf der CARPATHIA hörte sie sowieso niemand. Alle Augen waren auf das Rettungsboot gerichtet, das an die Gangway heranschaukelte. Mrs. Ogden bemerkte das Emblem der White Star Line auf dem Boot. Die Rettungswesten bewirkten, daß alle Leute weiß angezogen schienen. Mrs. Crain betrachtete neugierig all die bleichen und übermüdeten Gesichter, die heraufblickten.

Der einzige Ton war das Geheul eines Babys im Boot.

Taue wurden herabgelassen, und bald war das Boot vertäut. Nach einem Moment des Zögerns kletterte Miß Elizabeth Allen langsam die schaukelnde Strickleiter hinauf. Es war 4 Uhr 10. Oben taumelte sie Zahlmeister Brown in die Arme. Er fragte sie, wo die TITANIC wäre; untergegangen, sagte sie.

Oben auf der Brücke wußte Rostron bereits Bescheid, ohne fragen zu müssen – und doch fühlte er sich gezwungen, die Formalitäten zu erledigen. Er ließ Boxhall kommen, und als der Vierte Offizier zitternd vor ihm stand, fragte er ihn: »Die TITANIC ist untergegangen?«

»Ja«, sagte Boxhall, und seine Stimme brach. »Sie ist um 2 Uhr 30 untergegangen.«

Es begann schon hell zu werden, und die Menschen auf Deck bemerkten nun die übrigen Rettungsboote auf allen Seiten des Schiffes. Sie waren im Radius von vier Meilen zerstreut, und im grauen Morgenlicht konnte man sie nur schwer von den Eisbrocken unterscheiden, die auf dem Wasser trieben. Darunter befanden sich drei, vier monströse Eisbergungeheuer, die bis zu 60 Meter hoch waren. Im Norden und Westen, etwa fünf Meilen entfernt, erstreckte sich bis zum Horizont eine geschlossene Eisdecke. Die aufgetürmten Schollen wurden hier und da von großen, weit herausragenden Eisbergen unterbrochen.

»Als ich das Eismeer sah, das ich in der Dunkelheit durchquert hatte«, sagte Rostron später zu einem Freund, »schauderte ich und mußte daran denken, daß ein anderer außer mir in dieser Nacht das Schiff geführt haben muß.«

Das Eis erregte die Gemüter. Die, die bis dahin geschlafen hatten, konnten ihren Augen kaum trauen. Mrs. Wallace Bradford aus San Francisco blickte aus ihrem Bullauge und zwinkerte ungläubig. Eine halbe Meile vor dem Schiff ragte ein riesiger zerklüfteter Felsen empor. Er war nicht weiß, und sie fragte sich: Wie in aller Welt kann da ein Felsen im Meer sitzen, wenn wir doch seit vier Tagen New York hinter uns gelassen haben und nach Süden fahren. Wir sind doch mitten auf dem Ozean!

Miß Sue Eva Rule aus St. Louis verstand die Ereignisse auch nicht. Als sie das erste Rettungsboot durch die frühe Dämmerung pullen sah, hielt sie es für die Gondel eines Zeppelins, das graue Objekt dahinter für einen Flugkörper. Sie glaubte, man werde die Mannschaft eines gestrandeten Luftschiffs aufnehmen.

Ein anderer beunruhigter Passagier fahndete auf dem Gang nach seiner Stewardeß. Als er sie endlich fand, ließ sie ihn nicht zu Wort kommen. Sie wies auf ein paar Frauen, die in das Speisezimmer stolperten und wie Espenlaub zitterten.

»Von der TITANIC«, schluchzte sie. »Die liegt jetzt auf dem Meeresgrund.«

Zehn Meilen entfernt regte sich mit der ersten Dämmerung das Leben auf der CALIFORNIAN. Um 4 Uhr kletterte Hauptoffizier George Frederick Stewart auf die Brücke und löste den Zweiten Offizier Stone ab.

Stone klärte ihn über die Geschichte mit dem seltsamen Schiff

auf, über die Raketen, und wie es plötzlich verschwunden sei. Er fügte hinzu, er habe um 3 Uhr 40 wieder eine Rakete beobachtet, diesmal im Süden und sicherlich nicht vom selben Schiff, das die ersten acht Raketen abgeschossen hatte. Todmüde ließ Stone sich die Leiter hinuntergleiten und kroch in sein Bett. Sollte Stewart sich jetzt den Kopf zerbrechen.

Um 4 Uhr 30 weckte Stewart Kapitän Lord und berichtete ihm Stones Geschichte.

»Ich weiß«, unterbrach ihn Kapitän Lord. »Das hat er mir schon alles erzählt.«

Lord hatte seine Uniform zum Schlafen nicht ausgezogen. Er stand auf, kam auf die Brücke und begann mit Stewart die beste

Die Rettungsboote der TITANIC *werden geborgen. Im halben Licht des frühen Morgens treffen sich alle bei der* CARPATHIA. *Um 7 Uhr nähert sich Boot 14 mit D im Schlepptau.*

Um 7 Uhr nähert sich Boot 14 mit D im Schlepptau.

Das zusammenlegbare Boot D, das letzte Boot, das die TITANIC *verließ, trifft ein.* ▶

Route durch das Packeis nach Boston zu diskutieren. Stewart unterbrach ihn und fragte, ob er nicht Verbindung mit dem anderen Schiff aufnehmen wolle, das nun im Süden zu sehen war.

»Nein«, sagte Lord. »Wieso denn, sie signalisiert ja nicht.«

Stewart erwähnte nicht, daß Stone, als er dabei war, die Brücke zu verlassen, gesagt hatte, es könne unmöglich dasselbe Schiff sein, das zuerst die acht Raketen abgefeuert habe.

Trotzdem muß ihm die Sache im Kopf herumgegangen sein, denn um 5 Uhr 40 weckte er Funker Evans, und der erinnert sich, daß man ihm sagte: »Da hat ein Schiff Raketen geschossen. Finden Sie heraus, was los ist.«

Evans tastete im Dämmerlicht nach den Kopfhörern und machte sich daran, Verbindung aufzunehmen.

Zwei Minuten später schoß Stewart die Treppe zur Brücke hinauf und brüllte: »Da ist ein Schiff gesunken!«

Er rannte zurück zum Funkraum und wieder zur Brücke...

Nun erhielt Kapitän Lord die grauenvolle Nachricht.

»Die TITANIC ist gegen einen Eisberg geprallt und gesunken.«

Kapitän Lord tat, was ein guter Kapitän in solchen Fällen tut: Er ließ die Maschinen anwerfen und fuhr zur Unglücksstelle, der letzten Position der TITANIC.

10

»Wir haben unsere Männer ertrinken sehen!«

»Oh, Mutti, schau nur, der schöne Nordpol ohne Santa Claus drauf«, sagte in Boot 3 der kleine Douglas Spedden zu seiner Mutter Mrs. Frederick O. Spedden. Das Boot schaukelte durch Treibeis auf die CARPATHIA zu.

Wirklich sah die Welt aus wie in einem Bilderbuch. Die Sonne hob sich soeben über den Horizont, und das Eis glitzerte bei ihren ersten Strahlen in herrlichen Rosa- und Lilatönen, in tiefem Blau und Gold, ganz wie die Strahlen der Sonne es trafen. Das Meer hatte eine hellblaue Farbe, und viele kleine Eisbrocken von der Größe einer Männerfaust tanzten auf den Wellen.

Der Himmel im Osten glänzte golden und klar und versprach einen schönen Tag.

Die Schatten der Nacht standen noch dunkel im Westen. Lawrence Beesley erinnert sich daran, wie lange der Morgenstern noch leuchtete, als alle anderen Sterne bereits erloschen waren. Am Horizont hob sich eine bleiche Mondsichel.

»Neumond! Klimpert mit eurem Geld, Jungs, wenn ihr überhaupt welches habt!« rief der Heizer Fred Barrett fröhlich, als Boot 13 flott dahintrieb. Jubel und Schreie der Erleichterung stiegen aus den Booten, als die Männer sich in die Riemen legten, um als erste die CARPATHIA zu erreichen. Einige sangen: »Rudert zur Küste, Jungs.«

Andere organisierten Jubelchöre, während wieder andere still blieben, jetzt erst darüber im klaren, was passiert war – oder vor Erleichterung stumm.

»Ist ja gut, meine Damen, jetzt sind wir gerettet«, versuchte Ausguck Hogg in Boot 7 die vor sich hin starrenden apathischen Damen aufzumuntern. Aber sie schwiegen.

Auch auf dem umgeschlagenen Boot B hörte man keinen Jubel. Lightoller, Gracie, Bride, Thayer und die anderen waren viel zu beschäftigt, das Boot zu balancieren und am Schwimmen zu halten. Die Morgenbrise wühlte die See auf, die Wellen wuschen über den Rumpf und schaukelten das Boot, und jedesmal entwich ein bißchen Luft aus der Luftblase unter dem Boot, und der Kiel senkte sich mehr und mehr ins Wasser. Lightoller brüllte Befehle, nach denen die Männer das Gewicht verlagerten. Nach einer Stunde waren sie alle zu Tode erschöpft.

Als sie die CARPATHIA im Dämmerlicht erblickten – ein Anblick, der alle anderen elektrisiert hatte –, konnten sich diese Männer nicht freuen. Das Schiff lag Meilen entfernt, und sie fragten sich alle, wie sie bis zu ihrer Entdeckung durchhalten sollten. Plötzlich, im Licht des Morgens kam neue Hoffnung auf, als sie rund 700 Meter entfernt die Boote 4, 10, 12 und D entdeckten, die immer noch auf Geheiß des Fünften Offiziers Lowe zusammengebunden waren.

Die Männer auf Boot B brüllten: »Schiff ahoi!«

Aber sie waren zu weit entfernt, um gehört zu werden. Da fischte Lightoller seine Offizierspfeife aus der Tasche und trillerte, so fest er konnte. Der Ton trug nicht nur weit, er besagte auch für die Mannschaft in den Booten, daß ein Offizier gerufen habe.

In Boot 12 hörte Matrose Frederick Clinch den Ton, blickte hoch – und sah, so dachte er, etwa zwanzig Mann, die, man glaubte es kaum, auf einem Schornstein des Schiffes trieben. In Boot 4 schaute auch Heizer Samuel Hemming. Er glaubte im frü-

Überlebende warten darauf, an Bord zu kommen.

Die behenderen Überlebenden erklommen die Strickleitern zu den Gangways, die restlichen zog man hinauf.

hen Morgenlicht Männer zu sehen, die auf einer Eisscholle trieben. Nichtsdestotrotz machten sich die beiden Boote sofort auf den Weg zu Boot B.

Sie pullten mühsam und krochen langsam herbei. Lightoller drängte: »Macht schon, kommt und holt uns!«

»Aye, aye, Sir!« rief jemand zurück, und endlich langten die beiden Boote bei Boot B an. Gerade noch zur rechten Zeit. Das Boot war so schlecht balanciert, daß die Wellen, die Boot 4 machte, fast alle Mann in die See geschwemmt hätten. Es bedurfte der ganzen Geschicklichkeit von Steuermann Perkis, längsseits zu manövrieren. Auf Boot B warnte Lightoller die Überlebenden, nicht zu drängen. Und doch schaukelte das Boot beängstigend, wenn einer der Männer absprang.

Einer nach dem anderen schaffte es. Jack Thayer war so darauf konzentriert, sicher in Nummer 12 zu landen, daß er seine Mutter in Boot 4 nicht einmal bemerkte. Mrs. Thayer dagegen war durch Kälte und Kummer so abgestumpft, daß sie ihren Jungen nicht erkannte. Als die Reihe an Colonel Gracie war, kroch er mit den Händen zuerst in Nummer 12. Er riskierte geprellte Finger, doch alles dünkte ihm erträglicher, als ins Wasser zu stürzen. Bäcker Joughin trat immer noch Wasser neben dem Boot. Er gab sich sorglos, ließ einfach Maynards Hand los und paddelte zu Boot 4, wo man ihn an Bord zog. Noch immer wärmte ihn der Whisky.

Lightoller war der letzte, der das umgeschlagene Boot verließ. Als alle anderen in Sicherheit waren, hob er einen leblosen Körper in Boot 12 und übernahm sofort das Kommando. Es war 6 Uhr 30, als er begann, auf die CARPATHIA zuzupullen.

Mittlerweile hatte Fünfter Offizier Lowe es aufgegeben, zwischen den Wrackteilen nach Schwimmern zu suchen. In einer Stunde härtester Arbeit hatte Boot 14 nur vier Männer aufgegriffen. Er wußte, daß es nun zu spät war, noch nach weiteren Überlebenden zu suchen. Es wurde Tag, nun war Rettung sicher nahe. Lowe kehrte zurück zu den Booten, die er zusammengebunden hatte, und geleitete sie zur CARPATHIA.

»Segel setzen!« befahl er Matrose F. O. Evans, als der Wind zunahm. In all den Booten hatte die Mannschaft über Mast und Segel geflucht, weil sie ihnen nur im Weg waren. In manchen Booten hatten sie alles Segelzeug noch an Bord der TITANIC ausgeladen. In anderen Booten lag es herum, und man stolperte im Dunkel darüber. Segeln konnten sie alle nicht.

Lowe konnte es. Später erklärte er den Unterschied zwischen einem Dampfschiffer und einem Segler – er war beides. Er hatte Jahre damit verbracht, die Goldküste zu befahren. Nun machte sich diese Erfahrung bezahlt. Der Bug senkte sich ins Wasser, Gischt flog um das Boot 14, als es in der Morgensonne glitzernd mit vier Knoten dahinsegelte.

Als Lowe zurückkam, hatte seine kleine Flotte sich zerstreut. Boot 4 und 12 waren dabei, Insassen von Boot B zu übernehmen, Nummer 10 und D hatten sich selbständig gemacht und strebten auf die CARPATHIA zu. D sah schlecht aus, lag tief im Wasser und hatte wenige Riemen.

Gut, sagte sich Lowe, ich fahre besser hin, greife sie auf und seh zu, daß sie's schafft.

»Wir sind am Ende«, rief Hugh Woolner, als 14 heransegelte. Lowe warf ihnen ein Tau zu und nahm sie in Schlepp.

Nach eineinhalb Meilen entdeckte er Boot A, das mächtig Wasser machte und sich überhaupt nicht mehr fortbewegte. Die Insassen in A hatten es nicht geschafft, das Boot flottzumachen. Von den dreißig Passagieren, die zu dem Boot geschwommen waren, waren die meisten steif vor Kälte über Bord gefallen. Nur zwölf Männer und Mrs. Rosa Abbott aus der dritten Klasse waren noch übrig.

Lowe kam gerade zur rechten Zeit. Er nahm alle Passagiere an Bord von Nummer 14 und machte sich auf zur CARPATHIA. Boot D zog er nach, A ließ er zurück, leer bis auf drei Männerleichen (deren Gesicht er mit Schwimmwesten bedeckt hatte).

Ein Boot ums andere näherte sich beschwerlich der CARPATHIA. Es war 4 Uhr 45, als Boot 13 festmachte und Lawrence Beesley die Strickleiter zum C-Deck enterte. Er war ganz gerührt vor Dankbarkeit, Erleichterung und Freude, als er wieder feste Planken unter sich fühlte. Unmittelbar hinter ihm kletterte Dr. Washington Dodge an Bord. Er hatte seine Schwimmweste als Andenken mitgebracht.

Seine Frau kam mit dem fünf Jahre alten Washington Dodge gegen 5 Uhr 10 mit Nummer 7 an. Der Kleine wurde in einem Postsack hochgehievt und auf Deck gestellt. Ein Steward rannte mit heißem Kaffee herbei, aber der junge Herr gab bekannt, er wünsche Kakao. Sofort lief der Steward los und brachte das Gewünschte.

Nummer 3 traf um 6 Uhr ein. Mr. und Mrs. Spedden kletterten untadelig gekleidet an Bord. Kurz dahinter Henry Sleeper Harper, Dolmetscher Hamud Hassah und der Pekinese Sun Yat-Sen. Mr. Harper entdeckte alsbald Mr. Ogden an Deck und begrüßte ihn mit klassischer Sachlichkeit: »Louis, wie machst du es nur immer, so jung auszusehen?«

Elizabeth Shutes kam im selben Boot an; sie versuchte erst gar nicht, die Strickleiter zu nehmen. Sie setzte sich in eine Tauschlinge und fühlte sich mit einem Ruck an Deck gehievt. Irgendwo oben rief eine Stimme: »Vorsicht, Kinder, sie ist ein Fliegengewicht.«

Bruce Ismay stolperte um 6 Uhr 30 an Bord.

»Ich bin Ismay«, murmelte er, »ich bin Ismay . . .«

Zitternd stand er neben der Gangway, den Rücken gegen ein Schott gelehnt. Dr. McGhee näherte sich ihm behutsam.

»Wollen Sie nicht in den Salon und etwas heiße Suppe zu sich nehmen oder etwas trinken?«

»Nein, ich möchte nichts.«

»Sie sollten wirklich hinein und etwas trinken.«

»Bitte, lassen Sie mich in Ruhe, ich fühle mich nicht sehr gut«, entgegnete Ismay. Dann bedachte er sich und sagte: »Wenn Sie mich irgendwo hinbringen könnten, wo ich allein bin, das wäre gut.«

»Ich bitte Sie«, drängte der Arzt behutsam, »trinken Sie etwas Warmes.«

»Ich möchte nicht.«

Dr. McGhee gab auf. Er führte Ismay vorsichtig in seine eigene Kabine. Den Rest der Reise verließ Ismay nicht einmal die Kabine, aß nichts Festes, duldete keine Besucher (nur einmal Jack Thayer). Am Ende hielt man ihn nur noch unter Opiaten. Das war der Anfang eines selbstauferlegten Exils von einem aktiven Leben. Im Jahr darauf gab er seinen Posten bei der White Star Line auf, kaufte sich ein großes Terrain an der Westküste Irlands und lebte dort völlig zurückgezogen, bis er 1937 starb.

Olaus Abelseth erreichte das rettende Deck etwa um 7 Uhr. Er war naß und zitterte wie Espenlaub. Eine gewärmte Decke wurde ihm um die Schultern gelegt. Man brachte ihn eilends in den Salon und gab ihm Kaffee und Whisky. Mrs. Charlotte Collyer und andere Passagiere aus Boot 14 folgten Abelseth, während Fünfter Offizier Lowe zurückblieb, um abzutakeln und die Segel zu bergen. Er hielt viel von einem ordentlichen Segler.

Und so traf ein Boot nach dem anderen ein. Wenn das Boot längsseits mit der CARPATHIA gegangen war, schauten die Überlebenden bang über die Reling, um bekannte Gesichter zu entdecken. Billy Carter stand neben den Ogdens und wartete, vor Sorge außer sich, auf seine Frau und die Kinder. Als endlich der Rest der Familie auf Boot 4 anlangte, beugte Carter sich weit über die Reling und rief voller Entsetzen: »Wo ist mein Sohn? Wo ist mein Sohn?«

Die CALIFORNIA *nähert sich, als das letzte Rettungsboot geborgen ist. Louise Manfield Ogden, Passagier der ersten Klasse auf der* CARPATHIA, *hat das Foto gemacht.*

Ein kleiner Junge im Boot zog einen Mädchenhut vom Kopf und rief: »Hier bin ich, Vater!«

Man erzählt sich, John Jacob Astor habe ihm diesen Hut eigenhändig aufgesetzt.

»Jetzt ist er ein Mädchen, jetzt kann er mit«, soll er gesagt haben.

Washington Dodge war ein anderer Familienvater, der lange verzweifelt nach seiner Familie Ausschau hielt. Das verdankte

Ist das der Eisberg, der die TITANIC versenkte? Er wurde an der Stelle des Untergangs von dem deutschen Schiff PRINZ ADALBERT am 15. April gesichtet und fotografiert. Beobachter bemerkten eine rote Schramme an der Basis des Eisbergs.

er hauptsächlich der Lausbüberei des fünfjährigen Washington jr. Dr. Dodge sah nicht, wie Frau und Sohn an Bord kamen. Auch Mrs. Dodge entdeckte ihren Mann nicht an Deck, aber der kleine Washington bemerkte ihn und beschloß bei sich, es wäre ein großer Spaß, das für sich zu behalten. Also sagte er Mama kein Wort und versteckte sich und sie geschickt vor Papa. Am Ende verdarb der immer noch treue Speisesalonsteward Ray ihm den Spaß, indem er die Familie zusammenführte.

Die Menschenmenge wuchs, denn nun strömten auch die Passagiere der CARPATHIA aus ihren Kabinen. Einige erhielten die Nachricht von der Katastrophe auf seltsame Weise. Mr. und Mrs. Charles Marshall wurden vom Steward geweckt, der an die Tür ihrer Suite klopfte.

»Was ist los?« fragte Mr. Marshall.

»Ihre Nichte will Sie sprechen, Sir.«

Marshall dachte, er träume. Seine drei Nichten, das wußte er, waren alle zur Jungfernfahrt auf der TITANIC. Sie hatten ihm sogar letzte Nacht ein Telegramm geschickt. Wie konnte eine an Bord der CARPATHIA kommen? Der Steward erklärte alles, und Minuten später gab es ein Familientreffen mit Mrs. E. D. Appleton (die anderen Nichten folgten später nach). Tochter Evelyn stürzte an Deck, um zuzusehen.

Es war ein seltsamer Anblick. So weit das Auge reichte, erstreckte sich in nordwestlicher Richtung das Packeis. Große Berge ragten heraus, kleinere Schollen in ihrem Gefolge verbanden sich zu riesigen zusammenhängenden Eisplatten – das Meer sah seltsamerweise ungemein bewegt aus. Die kleinen Boote wirkten gänzlich fehl am Platz, mitten im Atlantik.

Auch die Menschen, die den Booten entstiegen, hätten nicht merkwürdiger wirken können. Miß Sue Eva Rule bemerkte eine Dame, die nichts weiter als ein türkisches Handtuch um die Hüfte trug, dafür aber eine ungemein teure Pelzstola um die Schultern hatte. Man war mit den Fetzen teurer Abendkleider drapiert, spitzen- und perlenbestickt, trug Kimonos, Pelze, wollene Umschlagtücher, Pyjamas, Gummistiefel, weiße Satinschuhe ... Eine erstaunliche Anzahl von Frauen trug Hüte, die Männer Tweedkappen.

Am seltsamsten und bedrückendsten war die Stille an Bord. Kaum ein Wort wurde gesprochen, das bemerkte jeder sogleich. Jeder erklärte das auf seine Weise. Reverend P. M. A. Hoques,

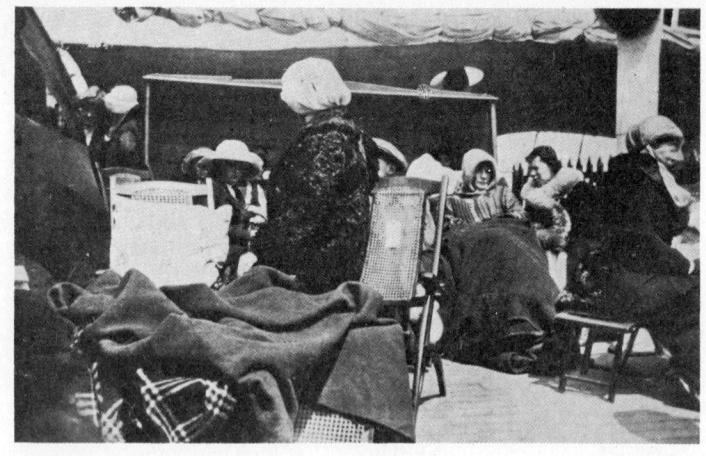

Weibliche Überlebende, gegen die Kälte vermummt, sitzen, um sich zu wärmen und zu erholen, auf dem sonnigen Achterdeck der CARPATHIA.

ein Passagier der CARPATHIA, dachte, die Menschen wären zu entsetzt, um zu sprechen. Kapitän Rostron dachte, alle wären viel zu beschäftigt. Lawrence Beesley glaubte an keine dieser Versionen. Für ihn waren die Menschen mit etwas konfrontiert worden, was sie noch nicht in seiner vollen Bedeutung erfassen konnten.

Ab und zu kam es zu Zwischenfällen. Miß Petersen bemerkte ein kleines Mädchen namens Emily, das sich auf das Promenadendeck setzte und schluchzte: »O Mama, Mama, mir ist so schlecht. Mama, Mama!«

Als Boot Nummer 3 seine Passagiere übernehmen ließ, setzte sich eine Frau, die nur ein Nachthemd und einen Kimono trug und die am Boden gelegen hatte, auf und schrie, indem sie auf eine andere Frau zeigte, die eben hochgezogen wurde: »Seht nur diese scheußliche Person! Scheußlich! Die ist mir auf den Bauch getreten! Das Ungeheuer!«

Im Speisesaal der dritten Klasse war eine Italienerin in totaler Auflösung begriffen – sie schluchzte und schrie und trommelte mit den Fäusten auf den Tisch. Immer wieder wimmerte sie und schrie: »*Bambino!*« Einem italienischen Steward gelang es, ihr

184

zu entlocken, daß ihre beiden Babys nicht auffindbar waren. Eines fand sich bald. Die Frau aber hielt zwei Finger in die Höhe und hatte einen neuen hysterischen Anfall. Endlich fand sich auch das zweite Kind. Es saß auf der Bügelmaschine im Vorraum der Küche, wo man es zum Aufwärmen hingebracht hatte.

Um 8 Uhr 15 waren alle Boote eingetroffen, bis auf Nummer 12. Das Boot, das noch immer ein paar hundert Meter entfernt war, bewegte sich kaum von der Stelle. Eine steife Brise sprang auf, und das Meer wurde immer rauher. Der Rand der Bootsreling befand sich fast auf Wasserlinie. Ungefähr 75 Personen waren in das Boot gepfercht. Atemlos beobachtete die Menge das Boot, das sich unter Lightollers Kommando behutsam näherte.

Er selbst war halb erfroren – seine Uniformjacke naß und steifgefroren. Um die Schultern trug er ein Cape mit einer Mönchskapuze, die ihm Mrs. Elizabeth Mellenger gestiftet hatte. Zu seinen Füßen hockte Mrs. Mellengers dreizehnjährige Tochter Madeleine und blickte voller Bewunderung zu ihm auf. Sie sollte später dieses Cape immer in Ehren halten.

Die Menschen im Boot rückten eng zusammen, versuchten, trocken zu bleiben, und beteten darum, es bis zum Schiff zu schaffen. Manchmal fielen unter diesen Umständen einem Menschen noch Trivialitäten auf. Als Colonel Gracie vergeblich versuchte, einen leblosen Mann, der neben ihm lag, wiederzubeleben, bemerkte er, daß dieser lange graue Wollstrümpfe trug.

Es war 8 Uhr 20, und sie waren nur noch knapp 200 Meter entfernt. Rostron versuchte nachzuhelfen und schob den Bug der CARPATHIA etwa die halbe Strecke näher. Als Lightoller sich bemühte, am Bug vorbei nach Lee zu gelangen, gab es plötzlich hohe Wellen. Eine riesige Welle schlug über das Boot, dann noch eine, die dritte verfehlte sie knapp. Und im nächsten Augenblick waren sie schon in Sicherheit, geschützt vom Körper des großen Schiffes.

Um 8 Uhr 30 ging Nummer 12 – das letzte Boot – längsseits und lud seine Passagiere ab. Colonel Gracie fühlte sich versucht, sich auf Deck zu werfen und die Planken zu küssen, als er über die Gangway trat. Harold Bride fühlte starke Hände, die ihn hochhoben, dann wurde er ohnmächtig. Jack Thayer sah seine Mutter an Bord und eilte in ihre Arme. Mrs. Thayer fragte: »Wo ist Papi?«

»Ich weiß es nicht, Mutter«, antwortete er leise.

Inzwischen zerbrach Rostron sich den Kopf, wohin er die 205 unerwarteten Gäste bringen sollte. Halifax war der nächste Hafen, aber auf dem Weg dorthin gab es viele Eisberge. Er fand, die TITANIC-Passagiere hatten genug ausgestanden. Die CARPATHIA selbst war zu den Azoren unterwegs, doch hatte Rostron weder Bettzeug noch Verpflegung für eine so weite Reise. New York wäre zwar das beste für die Überlebenden gewesen, wäre aber der Cunard-Line teuer zu stehen gekommen. Er betrat die Kabine von Dr. McGhee, der gerade Bruce Ismay untersucht hatte. Der Mann war gänzlich verstört. Alles, was Rostron tun würde, war ihm recht. So entschied er sich, nach New York zu fahren.

Die OLYMPIC mischte sich ein. Warum man nicht die Überlebenden der TITANIC auf die OLYMPIC umsteigen lasse? Rostron fand die Idee unglaublich. Er konnte diese Menschen nicht noch weiteren Strapazen aussetzen. Außerdem war die OLYMPIC das Schwesterschiff der TITANIC, und allein die Erscheinung wäre, als tauche ein entsetzlicher Geist auf.

Also New York. Mittlerweile war die CALIFORNIAN zur Stelle, und Rostron arrangierte sich mit ihr. Sie suchte die Unglücksstelle weiter ab. Er selbst quartierte bei sich die Überlebenden ein. Rostron zog so viele Rettungsboote wie möglich an Bord, sechs auf das Vorderschiff, sieben an den Davits der eigenen Rettungsboote. Den Rest ließ er treiben.

Ehe er losfuhr, konnte Rostron nicht widerstehen, sich noch einmal genau überall umzusehen. Er war ein gewissenhafter Mann und wollte nichts übersehen. Die CALIFORNIAN sollte ruhig glauben, sie werde noch Überlebende aufgreifen – er wollte zusehen, daß, wenn es irgend jemanden gab, der noch gerettet werden konnte, Rostron und die CARPATHIA es tun würden.

Als er an der Unglücksstelle kreuzte, fiel ihm ein, daß ein kurzer Gottesdienst angebracht sei. Er stieg hinunter und fragte, was Ismay davon halte. Aber es war immer das gleiche: Was Rostron auch vorschlug, Ismay war es recht.

Rostron ließ Reverend Anderson, einen Priester der episkopalen Kirche, kommen. Die Menschen auf der CARPATHIA versammelten sich in der großen Halle. Sie dankten für die Errettung und gedachten der Toten.

Während sie beteten, kreuzte die CARPATHIA langsam an der Unglücksstelle. Nur wenig kennzeichnete das Grab der TITANIC: rot-gelbe Korkbrocken, einige Deckstühle, ein paar weiße Säulen,

Kissen, Teppiche, Schwimmwesten, die verlassenen Boote – und eine Leiche.

Um 8 Uhr 50 hatte Rostron genug. Es war unmöglich, daß hier noch ein menschliches Wesen überlebt hatte.

»Volle Kraft voraus!« befahl er und wendete das Schiff nach New York.

Die Stadt war in völliger Aufregung. Die erste Nachricht war um 1 Uhr 20 eingegangen. Niemand wußte so recht, was davon zu halten war. Der Funkspruch von Cape Race war rätselhaft – um 10 Uhr 25 Ortszeit, hieß es darin, habe die TITANIC CQD gefunkt. Sie sei mit einem Eisberg zusammengestoßen und brauche sofort Hilfe. Dann die zweite Nachricht: Das Schiff sinke über den Bug. Man schaffe die Frauen in die Boote. Dann herrschte Stille.

Die Morgenzeitungen brachten die ersten Meldungen, aber sie hatten nicht mehr die Zeit, die Botschaft zu prüfen. Die Geschichte schien fantastisch, aber die Tatsachen schienen zu stimmen. Die Redaktionen waren noch vorsichtig. Der ›Herald‹ hatte folgende Schlagzeile:

NEUE TITANIC STÖSST AUF EISBERG
RUFT NACH HILFE
SCHIFFE AUF DEM WEG ZU IHR

Nur die ›Times‹ machte sich Gedanken. Das lange Schweigen nach den ersten Meldungen überzeugte den Herausgeber Carr Van Anda davon, daß sie untergegangen war. Er wagte es, den Geschehnissen vorzugreifen. Während die Frühausgaben berichteten, die TITANIC sinke und die Frauen würden in die Rettungsboote verladen, meldete die nächste Ausgabe, sie sei gesunken.

Um acht Uhr stürmten die Journalisten die Büros der White Star Line am Broadway 9. Vizepräsident Philip A. S. Franklin nahm die Berichte nicht ernst. Selbst wenn die TITANIC auf Eis gelaufen war, sie konnte eine Ewigkeit weiterschwimmen.

»Wir haben unbegrenztes Zutrauen zur TITANIC. Wir wissen, daß dieses Schiff unsinkbar ist.«

Zur selben Zeit kabelte er hektisch an Kapitän Smith: »Erwarte dringend Informationen über Schiff und Zustand der Passagiere.«

Am Vormittag drängten die Freunde und Familienangehörigen der TITANIC-Passagiere ins Büro der White Star Line.

Mrs. Benjamin Guggenheim und ihr Bruder De Witt Seligman, Mrs. Astors Vater W. H. Force, J. P. Morgan jr. – Hunderte von Menschen, die niemand kannte. Reiche, Arme – alle erhielten dasselbe beruhigende Lächeln; kein Grund zur Sorge, die TITANIC ist unsinkbar. Nun – oder jedenfalls konnte sie noch drei, vier Tage schwimmen. Selbstverständlich gab es genügend Boote für alle.

Die Presse unterstützte diese Beruhigungspolitik mit Behauptungen wie dieser:

NACH ZUSAMMENSTOSS
ALLE PASSAGIERE DER ›TITANIC‹ GERETTET

Man kolportierte, die Passagiere wären alle von der PARISIAN und der CARPATHIA an Bord genommen worden. Die VIRGINIAN habe die TITANIC ins Schlepptau genommen und ziehe sie nach Halifax.

Selbst die Geschäftswelt schien zuversichtlich zu sein. Als erstes schnellte die Rückversicherungsprämie der Ladung der TITANIC auf 50, dann auf 60 Prozent in die Höhe, aber als dann der Optimismus zunahm, sanken die Notierungen in London auf 50, 45, 30 und schließlich auf 25 Prozent.

In der Zwischenzeit stiegen die Aktiennotierungen Marconis kräftig an: In zwei Tagen um 55 Punkte auf 225. Nicht übel für eine Aktie, die noch vor einem Jahr knapp zwei Dollar erbrachte. IMM, der große Konzern, der die White Star Line kontrollierte, rappelte sich nach der erschütternden Börseneröffnung wieder auf.

Nun machten sich andere Gerüchte breit. Keine offiziellen Botschaften, aber Funker, die den Funkverkehr über dem Atlantik abhörten, fingen beunruhigende, nicht für ihre Ohren bestimmte Nachrichten auf. Der Inhalt war nur zu klar. Am Nachmittag hörte ein Mitarbeiter der Cunard-Linie von einem Freund im Geschäftsviertel, daß die TITANIC verloren wäre. Ein New Yorker Geschäftsmann telegraphierte Ähnliches an seinen Freund in Montreal. Auch Franklin kam es zu Ohren, aber die Quelle schien ihm nicht verläßlich genug, so beschloß er, den Mund zu halten.

Um 6 Uhr 15 verflogen die letzten Zweifel. Endlich traf die

15. April. Den ganzen Tag über belagert eine ängstliche Menge das Büro der White Star Line in New York. Man sagte ihnen erneut, die TITANIC *könne gar nicht sinken.*

Botschaft der OLYMPIC ein. Die TITANIC sei um 2 Uhr 20 gesunken. Die CARPATHIA habe alle Boote aufgegriffen und sei mit 675 Überlebenden unterwegs nach New York. Seltsamerweise hatte diese Botschaft mehrere Stunden Verspätung. Niemand weiß bis heute, warum, aber es gab nie genügend Beweise, um die Anschuldigungen der ›World‹ zu untermauern, die behauptete, daß man das der Wall Street zu verdanken habe, und den Schiffahrtsgesellschaften, denen es um die Versicherungssummen ging.

Als die Uhr im Büro siebenmal schlug, war Franklin immer noch dabei, sich seelisch darauf vorzubereiten, der Öffentlichkeit die Katastrophe in vollem Ausmaß mitzuteilen. Ein heller Reporter roch die Verzweiflung, die in der Luft lag. Er nahm das Risiko auf sich und platzte ins Büro des Büromanagers. Andere folgten.

»Meine Herren«, sagte Mr. Franklin, »es tut mir leid, Ihnen sagen zu müssen, die TITANIC ist um 2 Uhr 20 heute morgen gesunken.«

BASEBALL
FINAL EDITION

The Evening Sun.

BASEBALL
FINAL EDITION

VOL. XXVI. NO. 28.   NEW YORK, MONDAY, APRIL 15, 1912   PRICE ONE CENT.

ALL SAVED FROM TITANIC AFTER COLLISION

RESCUE BY CARPATHIA AND PARISIAN;
LINER IS BEING TOWED TO HALIFAX
AFTER SMASHING INTO AN ICEBERG

Baltic, Virginian, Olympic and Other Ships Summoned by Urgent Wireless Calls.

BIGGEST OF LINERS IN CRASH

She Carried Over 1,400 Passengers, Many of Prominence---Message from Olympic Telling of Rescue.

HEADS FOR HALIFAX
MARCONI'S COMMENT
MERELE QUITS

GIANTS DROP
GAME AT HUB

Boston Braves Win From McGrawites.

MATTY MAKES HIS DEBUT

Snodgrass Plays First in Place of Merkle.

THE TITANIC UNDER WAY.

Spätnachmittag. Immer noch kein Grund zur Sorge.

Mehr sagte er zu Anfang nicht. Aber die Reporter ließen nicht locker. Franklin ließ sich jeden Fakt abringen.

Um 8 Uhr: Die OLYMPIC habe nicht direkt gesagt, daß *alle* Mitglieder der Mannschaft gerettet worden wären.

8 Uhr 15: Wahrscheinlich seien ein paar Menschenleben zu beklagen.

8 Uhr 45: Wir fürchten, das Unglück hat viele Menschenleben gekostet.

Um 9 Uhr konnte Franklin nicht mehr.

... Entsetzlicher Verlust von Menschenleben ... Ein Schiff läßt sich ersetzen, nicht aber ein Menschenleben ...

Um 10 Uhr 30 betrat Vincent Astor Franklins Büro.

Kurz danach kam er weinend heraus.

Einer Ahnung folgend, rief ein Reporter Mrs. John Jacob Astors Vater, W. H. Force, an.

»O mein Gott!« schrie der alte Mann, »Um Gottes willen, was sagen Sie da! Wo haben Sie diesen Bericht her? Ist es wahr? Es *kann* nicht wahr sein!«

Niemand gelang es, die Tochter der Straus', Mrs. Alfred Hess, zu erreichen. Früh am Morgen hatte sie einen Sonderzug genommen, den die White Star Line gechartert hatte, um nach Halifax zu fahren, wo angeblich die havarierte TITANIC ankommen sollte. Um 8 Uhr dampfte der Zug durch die Ebene von Maine. Mrs. Hess saß im Speisewagen und plauderte mit Reportern. Sie war die einzige Frau im Zug, und sie amüsierte sich königlich.

Eben begann sie ihre Grapefruit zu löffeln, als der Zug sein Tempo verlangsamte, stoppte und rückwärts fuhr. Er hielt nicht an, bis er in Boston ankam. Dort erfuhr sie: ›Pläne geändert. Die Passagiere von der TITANIC sind nach New York unterwegs.‹ Da nahm sie den Schlafwagen zurück. Ihr Bruder empfing sie bei der Ankunft an der Tür und sagte: »Es sieht ganz schlecht aus.«

Mittlerweile war eine Liste der Überlebenden aufgestellt worden. Wieder stürmte die Menge das Büro der White Star Line. Mrs. Frank Farquharson und Mrs. W. H. Marvin waren gemeinsam gekommen, um zu erfahren, was mit ihren Kindern geschehen war, die von ihren Flitterwochen zurückkehren sollten. Die Mutter der Braut, Mrs. Farquharson, gab ein kleines freudiges Quietschen von sich, als sie auf der Liste den Namen Mrs. Daniel Marvin erspähte, dann erstickte sie ihn schnell, als sie keinen Mr. Marvin daneben geschrieben fand.

Mrs. Ben Guggenheim klammerte sich an die Hoffnung, daß ein Rettungsboot abgetrieben worden sei.

»Vielleicht treibt er auf hoher See«, sagte sie schluchzend.

Das war nicht ausgeschlossen, bei den wenigen Informationen, die man erhalten hatte. Niemand konnte der CARPATHIA eine Information entlocken; Rostron sparte seinen Funk für den offiziellen Verkehr und für den Privatfunk der Überlebenden. Deshalb mußten die Blätter sich Geschichten ausdenken. Die ›Evening World‹ berichtete von einem ›Nebel‹, den ›brüllenden Sirenen der TITANIC‹ und dem ›Zusammenstoß von der Stärke eines Erdbebens‹. Der ›Herald‹ beschrieb, wie das Schiff ›zerrissen‹ wurde, ›in die Dunkelheit raste und beinahe sofort nach dem Zusammenstoß sank‹.

Als ihnen nichts mehr einfiel, ließen die Zeitungen ihre Wut an dem schweigsamen Rettungsschiff aus. Die ›Evening Mail‹ donnerte:

ÖFFENTLICHKEIT EMPÖRT ÜBER DAS
SCHWEIGEN DER CARPATHIA

Die ›*World*‹ schimpfte:

CARPATHIA VERRÄT DAS GEHEIMNIS DES
UNTERGANGS DER ›TITANIC‹ NICHT
ERST DURCH FUNK BEKANNT GEWORDEN

Und so wurde es Dienstag, Mittwoch, Donnerstag – und immer noch gab es keine Nachricht. Jetzt setzten die Wochenzeitschriften ein. ›*Harper's Weekly*‹ berichtete über die Prominenz an Bord. Sie schrieb über Henry Sleeper Harper, ein Mitglied der Familie, der das Blatt gehörte. Man beschwor Bilder von Nebel und dem Schock des Zusammenstoßes.

›*Was wirklich geschah, werden wir noch herausfinden*‹, endete der Artikel etwas lahm.

›*Harper's*‹ versicherte seinen Lesern, es habe ›Frauen und Kinder zuerst‹ geheißen. ›Eine Regel, die von allen anständigen Männern auf See befolgt‹ würde. Die nächste Auflage schaffte es mit einem brillanten journalistischen Trick, die eventuelle Peinlichkeit ins Gegenteil zu verkehren, als Henry Sleeper Harper auftauchte, in bester Gesundheit mit Pekinese und ägyptischem Dolmetscher. ›*Harper's*‹ brachte jubelnd ein ›Exklusivinterview‹.

Donnerstag nacht nahm das Warten ein Ende. Als die CARPATHIA die Freiheitsstatue passierte, standen 10 000 Menschen auf der Battery. Als sie sich der Pier 54 näherte, warteten 30 000 Menschen im strömenden Regen. Bis zum Schluß hatte Rostron keine Informationen an Journalisten ausgegeben. Er ließ sie auch nicht aufs Schiff. Als die CARPATHIA den North River hinaufdampfte, folgten ihr Boote voller Reporter, die durch das Megaphon Fragen brüllten.

Um 8 Uhr 37 ging sie an der Pier längsseits und fierte die Rettungsboote der TITANIC ab, um sich an die Pier ziehen lassen zu können. Sie wurden zur Pier der White Star Line gepullt, wo Souvenirjäger sie während der Nacht völlig plünderten. (Am nächsten Tag wurden Leute angestellt, um die Schilder mit dem Namen TITANIC von den Booten zu schrauben.)

Um 9 Uhr 35 war die CARPATHIA vertäut und die Laufplanke herabgelassen. Die ersten Überlebenden stiegen aus. Später brachte man einen Seesack, der prallgefüllt war, die Laufplanke herunter und legte ihn im Zollbüro unter dem Buchstaben G ab. Die Zollbeamten sagten, es sei das einzige Gepäckstück, das von

In der Nacht des 18. April traf die CARPATHIA *in New York ein. Sie stoppte noch vor dem eigenen Dock, um die Rettungsboote der* TITANIC *abzuladen.*

der TITANIC gerettet wurde. Der Besitzer Samuel Goldenberg bestritt, derlei Voraussicht gehabt zu haben. Er behauptete, er habe den Seesack an Bord der CARPATHIA gekauft. Er gab an, der Sack enthalte nichts weiter als seine Kleider, die er beim Untergang der TITANIC auf dem Leib trug, dazu einige Utensilien, die er auf dem Rettungsschiff erstanden habe – Pyjamas, Mäntel, Hosen, Morgenrock, Regenmantel, Hausschuhe, zwei Decken, Hemd, Toilettenutensilien und Schuhe für ihn und seine Frau.

Die Ankunft der CARPATHIA stellte klar, wer überlebt hatte. Aber das Geheimnis des Untergangs blieb weiter ungelöst. Die Überlebenden steuerten eigene Mythen bei, die Märchen wurden den Fabeln, die man allenthalben zu hören bekam, hinzugefügt. Für einige war die deprimierende Rückreise zuviel gewesen. Andere waren so erregt, daß sie wild zu fabulieren begannen. Die Mitteilsameren entdeckten, daß sie die gute Story noch besser zu machen suchten, die Lakonischen hatten Reporter, die sie bereitwillig ausschmückten.

Die dreizehn Rettungsboote der TITANIC. *Die* CARPATHIA *brachte sie zurück nach New York. Eiligst wurden Männer dazu bestimmt, die Namenstafeln von den Booten zu schrauben.*

Die Zeitungsreporter berichteten, der Passagier der zweiten Klasse, Emilio Portaluppi, habe stundenlang auf einer Eisscholle getrieben ... Miß Marie Young habe den Eisberg schon eine Stunde vor dem Zusammenstoß gesehen ... Die Matrosen Jack Williams und William French hätten gesehen, wie man sechs Männer wie tollwütige Hunde niedergeschossen habe ... Der Bankier Robert W. Daniel aus Philadelphia habe auf der Rückfahrt den Funkverkehr der CARPATHIA übernommen. Allen diesen Geschichten fehlte auch nur der kleinste Beweis. Dennoch war die Öffentlichkeit viel zu erregt, um sich darum zu kümmern.

Grenzen für diese Fantasiegeschichten gab es nicht. Am 19. April ließ die New Yorker ›Sun‹ den Passagier der ersten Klasse George Brayton sagen: »Der Mond schien hell, und ein paar von uns erquickten sich an der frischen Luft und promenierten auf Deck. Kapitän Smith war auf der Brücke, als der Ausguck schrie, ein Eisberg käme auf uns zu. Als ich ihn sah, war er etwa hundert Meter hoch und zirka 200 Meter entfernt – direkt vor uns. Kapitän Smith brüllte Befehle, ein paar von den Spaziergängern rannten zum Bug. Als wir erkannten, daß es zum Zusammenstoß kommen mußte, stürzten wir zum Heck. Dann kam der Aufprall, und die Passagiere gerieten in Panik. Der Zusammenstoß ereignete sich etwa gegen 22 Uhr 30 . . . Um Mitternacht, glaube ich, gab's die erste Kesselexplosion. Und da, glaube ich, wurde Kapitän Smith zum erstenmal etwas unruhig . . .«

Der Matrose der CARPATHIA, Jonas Briggs, erzählte bei einem Interview die Geschichte von Rigel, dem schönen schwarzen Neufundländer, der vom Deck der sinkenden TITANIC gesprungen sei und das Rettungsboot zur CARPATHIA begleitet habe. Sein fröhliches Gebell habe Kapitän Rostron signalisiert, daß er auf dem Weg zu ihm sei.

Manche hatten sich mit persönlichen Eindrücken herumzuschlagen. Ausguck Reginald Lee schien er Jahrhunderte zurückzuliegen, jener Augenblick des Grauens, als sein Kamerad Fleet den Berg entdeckte. Er berichtete von einem Dunst am Horizont und will sich daran erinnern, daß Fleet gesagt habe: »Na, wenn wir da durchkommen, dann haben wir Glück.«

Fleet kann sich an solch ein Gespräch nicht erinnern.

Ein Interview mit einem Passagier der ersten Klasse zeigt, wie behutsam und glaubhaft er seine Anwesenheit auf Boot Nummer 7 erklärte, dem ersten Boot, das ablegte.

»In einem Punkt waren sich alle Frauen einig: Sie wollten nicht ins Boot steigen, ehe nicht die Männer drinnen waren. Sie hatten Angst, sich der See in diesen schwankenden Nußschalen anzuvertrauen. Man brauchte Courage, um in das Boot, das an den quietschenden Davits schaukelte, zu steigen. Wenige Männer wollten es wagen. Ein Offizier drängte mich und rief: ›Sie sind groß genug, um pullen zu können. Los, springen Sie hinein, oder wir bekommen die Damen nie an Bord!‹

Ich mußte es tun, obwohl ich zugeben muß, daß das große Schiff mir viel sicherer schien als das kleine Boot.«

Allmählich kam dann doch die wirkliche Geschichte zutage, doch viele von den hübschen Geschichten der ersten Meldungen halten sich bis heute – die Dame, die ihre dänische Dogge nicht zurücklassen wollte; die Band, die ›Näher mein Gott zu dir‹ spielte; Kapitän Smith und Erster Offizier Murdoch, die Selbstmord begingen; Mrs. Brown, die Boot 6 mit dem Revolver in der Hand kommandierte.

Legenden gehören zu vielen großen Ereignissen, und wenn sie

die Erinnerung an ritterliche Opfer wachhalten, haben sie ihre Aufgabe erfüllt. Damals aber waren Legenden nicht vonnöten. Die tatsächlichen Ereignisse sprachen ihre eigene Sprache. Die Menschen waren von der Katastrophe überwältigt. Überall wurden die Fahnen auf halbmast gesetzt. Macy's und die ›Harrys-Theater‹ wurden geschlossen. Die French Line sagte ihren Empfang auf der neuen SS FRANCE ab. In Southampton, wo so viele Mitglieder der TITANIC-Mannschaft gelebt hatten, waren der Schmerz und die Verzweiflung erschütternd – zwanzig Familien in einer einzigen Straße in Trauer. Montreal sagte die militärischen Feiern ab. König George und Präsident Taft tauschten Beileidsbekundungen. Der Kaiser ließ sein jährliches Dinner bei J. S. Bache & Co. ausfallen. J. P. Morgan verlegte die Einweihungsfeier für sein neues Sanatorium in Aix-les-Bains.

Was die Welt am meisten erregte, war weniger die Tragödie, als vielmehr das Schicksalhafte der Katastrophe. Was, wenn die TITANIC eine der sechs Warnungen vor Eisbergen, die sie am Sonntag erhielt, beachtet hätte – wenn die Eisverhältnisse normal gewesen wären – wenn die See rauh gewesen wäre, der Himmel mondhell – wenn man den Eisberg 15 Sekunden früher oder 15 Sekunden später entdeckt hätte – wenn sie an einer anderen Stelle kollidiert wären – wenn die wasserdichten Schotte ein Deck höher gezogen worden wären – wenn sie genügend Boote gehabt hätte – wenn die CALIFORNIAN doch noch gekommen wäre. Wenn nur einer dieser Punkte positiv gewesen wäre, hätten vielleicht alle Leben gerettet werden können. Aber das Schicksal hatte sich gegen sie verschworen – eine klassische griechische Tragödie.

Aber darüber sollte man erst später nachdenken, nicht heute, am 15. April, als die CARPATHIA bei strahlendem Sonnenschein den Kurs nach New York einschlug.

In diesem Moment lagen die Überlebenden immer noch völlig erschöpft in den Deckstühlen oder tranken im Speisesalon Kaffee und fragten sich verstört, was sie nun anziehen sollten.

Die Passagiere der CARPATHIA halfen in uneigennütziger Weise mit allem möglichen aus. Sie verliehen ihre Kleider und nähten aus Decken Mäntelchen für die Kinder. Ein Weineinkäufer von Macy's, der nach Portugal unterwegs war, wurde zum Schutzengel der drei geretteten Einkäufer von Gimbel. Mrs. Louis

Ogden brachte zwei Damen in fröhlichen Mänteln mit bunten Seidentüchern auf dem Kopf Kaffee in eine Ecke.

»Gehen Sie fort«, sagten sie, »wir haben eben zugesehen, wie unsere Männer ertranken.«

Für manche Überlebende fing das Leben wieder neu an. Lawrence Beesley kritzelte aufgeregt einen Telegrammtext, daß er gerettet sei. Andere brauchten länger. Colonel Gracie lag unter einem Stapel Decken auf dem Sofa im Speisesalon, während seine Kleider im Ofen trockneten. Bruce Ismay saß zitternd in der Kabine des Arztes, vollgepumpt mit Opiaten. Harold Bride kam in einer Kabine zu sich. Eine Frau beugte sich über ihn. Er fühlte, wie sie ihm das Haar aus der Stirn strich und sein Gesicht rieb.

Jack Thayer war in einer anderen Kabine dicht daneben. Ein freundlicher Herr hatte ihm Pyjama und Bett zur Verfügung gestellt. Nun ging er wieder zu Bett – das hatte er schon vor zehn Stunden tun wollen. Er streckte sich zwischen den kühlen Laken, und es fiel ihm ein, daß die Tasse Brandy, die er eben geschluckt hatte, der erste harte Alkohol seines Lebens war. Er war wirklich dabei, erwachsen zu werden.

Tief unter ihm dröhnten die Maschinen der CARPATHIA vertrauenerweckend und rhythmisch. Weit oben pfiff der Wind im Mast. Vor ihm lag New York und damit sein Zuhause, Philadelphia. Hinter ihm glitzerten die Sonnenstrahlen auf dem rot-weiß geringelten Säulchen vom Friseursalon der TITANIC, das auf dem Meer schwankte.

Aber Jack Thayer war das alles einerlei. Der Brandy hatte ganze Arbeit geleistet. Er war fest eingeschlafen.

Einige Tatsachen über die TITANIC

»Ein solches Schiff wird es nie mehr geben«, sagt Charles Burgess, der Bäcker, und er sollte es wissen. In seinen 43 Jahren auf dem Atlantik hat er sie alle kennengelernt: OLYMPIC, MAJESTIC, MAURETANIA und viele andere. Heute ist er Tranchierer in der Küche der QUEEN ELIZABETH. Wahrscheinlich ist Burgess das letzte Besatzungsmitglied der TITANIC, das noch aktiv ist.

»Sie war wie die OLYMPIC – ja, aber hochentwickelter und sorgfältiger ausgeführt«, sagt Burgess sinnend. »Denken Sie nur an den Speisesalon. Die OLYMPIC hatte nicht mal 'nen Teppich, aber die TITANIC – da sank man bis zum Knöchel ein. Und die Möbel, so solide, daß man sie fast nicht hochheben konnte, und die Täfelung ... Die können heute größere Schiffe bauen, schnellere, aber es geht mehr um die Sorgfalt und Aufmerksamkeit, die in die TITANIC gesteckt wurde. Sie war ein wunderschönes, ein herrliches Schiff.«

Burgess' Gedanken sind typisch. Die TITANIC bezauberte alle, die sie bauten und die mit ihr fuhren – dergestalt, daß die Jahre vergehen und sie mit jedem Jahr fantastischer wird. Viele Überlebende bestehen nun darauf, daß sie zweimal so groß war wie die OLYMPIC. In Wirklichkeit waren die beiden Schwesterschiffe; die TITANIC war 1004 Tonnen schwerer. Andere erinnern sich an Golfplätze, richtige Tennisplätze, eine Herde Milchkühe und andere Dinge, die selbst die ungewöhnlich luxuriöse White Star Line in den Schatten stellen.

Die TITANIC hatte keine Verschönerungen nötig, sie war beeindruckend genug, so wie sie war. Ihr Gewicht betrug 46 328 Bruttoregistertonnen, die Wasserverdrängung 66 000 Tonnen. Ihre Länge über alles: 268,98 Meter; ihre Breite: 28,19 Meter. Sie maß 18,44 Meter von der Wasseroberfläche bis zum Bootsdeck oder 53,34 Meter vom Kiel bis zur Spitze der vier riesigen Schornsteine. Die TITANIC wurde von drei Schrauben bewegt. Für den Antrieb sorgten zwei Vierzylinderkolben und eine Turbine. Die Kolbenmaschinen trieben die beiden äußeren Schrauben an, die Turbine die zentrale Schraube. Diese Kombination ermöglichte ihr 50 000 PS, aber sie konnte unschwer 55 000 PS entwickeln. Bei voller Fahrt machte sie 24 bis 25 Knoten.

WHITE STAR LINE

ROYAL & STEAMERS
UNITED STATES MAIL

FIRST SAILING OF THE LATEST ADDITION TO THE WHITE STAR FLEET

The Queen of the Ocean

TITANIC

LENGTH 882½ FT. **OVER 45,000 TONS TRIPLE-SCREWS** **BEAM 92½ FT.**

This, the Latest, Largest and Finest Steamer Afloat, will sail from
WHITE STAR LINE, PIER 59 (North River), NEW YORK

Saturday, April 20th At 12 Noon

»Die Königin der Meere«. Nie würde sie am 20. April von New York
aus in See stechen, wie es die White Star Line so stolz ankündigte.

Die vielleicht faszinierendste Konstruktion waren die wasserdichten Abteilungen. Die TITANIC hatte einen doppelten Boden und war in sechs wasserdichte Abteilungen unterteilt; sie wurden von 15 wasserdichten Schotts gebildet, die vertikal durch das Schiff führten. Merkwürdigerweise reichten sie nicht sehr weit hinauf. Die ersten zwei und die letzten fünf reichten nur bis zum D-Deck, die mittleren bis zum E-Deck. Dennoch konnte sie noch mit zwei gefüllten Abteilungen schwimmen, und da sich niemand Schlimmeres vorzustellen vermochte als einen Zusammenstoß, bei dem zwei Abteilungen voll Wasser laufen würden, erhielt sie das Etikett ›unsinkbar‹.

Die ›unversenkbare‹ TITANIC lief auf dem Dock von Harland & Wolff am 31. Mai 1911 vom Stapel. Die nächsten zehn Monate vergingen mit Arbeiten an der Innenausstattung. Am 2. April 1912 war sie fertig und kam am 3. in Southampton an. Eine Woche später fuhr sie nach New York.

Hier haben wir eine Rekonstruktion des Logbuches mit den Ereignissen der Jungfernfahrt:

10. April 1912

13 Uhr   Verläßt das Dock in Southampton. Beinahezusammenstoß mit dem amerikanischen Dampfer NEW YORK.

19 Uhr   Aufenthalt in Cherbourg, um Passagiere an Bord zu nehmen.

21 Uhr   Fahrt von Cherbourg nach Queenstown.

11. April 1912

12 Uhr 30   Aufenthalt in Queenstown, um Passagiere und Post an Bord zu nehmen. Ein Matrose desertiert.

14 Uhr   Abfahrt von Queenstown nach New York. An Bord 1316 Passagiere und 891 Mann Besatzung.

14. April 1912

9 Uhr   CARONIA meldet Eis in 42° (Grad) nördliche Breite, 49 bis 51° westliche Länge.

13 Uhr 42   BALTIC meldet Eis in 41° 51′ (Minuten) nördliche Breite, 49° 52′ westliche Länge.

13 Uhr 45   AMERIKA meldet Eis: 41° 27′ Breite Nord, 50° 8′ Länge West.

19 Uhr	Temperatur 43 Grad Fahrenheit.
19 Uhr 30	Temperatur 39 Fahrenheit.
19 Uhr 30	CALIFORNIAN meldet Eis: Breite 42° 3′ Nord, Länge 49° 9′ West.
21 Uhr	Temperatur 33 Grad Fahrenheit.
21 Uhr 30	Zweiter Offizier Lightoller warnt Zimmerleute und Maschinenraum. Frischwasser überwachen – viele Leitungen frieren ein. Bittet Ausguck, auf Eisberge zu achten.
21 Uhr 40	MESABA meldet Eis: Breite 42° Nord bis 41° 25′, Länge 49° bis 50° 30′.

Ein tiefschwarzer Rand zierte das Erinnerungsfoto der TITANIC. *Die Straßenverkäufer handelten auch mit Souvenirpostkarten, Knöpfen, Servietten und Geschirr.*

Ganze Bände schlechter Gedichte wurden verfaßt, und mindestens acht verschiedene zur Erinnerung komponierte Musikstücke erschienen auf dem Markt.

22 Uhr	Temperatur 32 Grad Fahrenheit.
22 Uhr 30	Meereswassertemperatur 31 Grad Fahrenheit.
23 Uhr	CALIFORNIAN meldet Eis, wird unterbrochen, ehe sie die genaue Lokation angeben kann.
23 Uhr 40	Stößt mit Eisberg zusammen, 41° 46′ Breite Nord, 50° 14′ Breite West.

15. April 1912

0 Uhr 05	Befehl, die Boote seeklar zu machen und Besatzung und Passagiere zu verständigen.
0 Uhr 15	Erste Bitte um Hilfe per Funk.
0 Uhr 45	Erste Rakete.
0 Uhr 45	Erstes Boot, Nummer 7, wird abgefiert.
1 Uhr 40	Letzte Rakete.
2 Uhr 05	Letztes Boot, zusammensetzbare D, wird zu Wasser gelassen.
2 Uhr 10	Letzter Funkspruch.
2 Uhr 18	Lichter erlöschen.
2 Uhr 20	Schiff versinkt.
3 Uhr 30	CARPATHIAS Rakete von den Booten gesichtet.
4 Uhr 10	Erstes Boot, Nummer 2, von der CARPATHIA aufgenommen.
8 Uhr 30	Letztes Boot, Nummer 12, aufgenommen.
8 Uhr 50	CARPATHIA mit 705 Überlebenden an Bord unterwegs nach New York.

Soweit die Tatsachen. Daneben ist jedoch vieles geheimnisvoll geblieben. Kaum ein Ereignis kann mit einer solchen Fülle unbeantworteter Fragen aufwarten, wie sie der Untergang der TITANIC stellt.

Zum Beispiel:

Wie viele Todesopfer? Einige Quellen behaupten 1635 . . . die Amerikaner ermittelten 1517 . . . die britische Handelskammer 1503 . . . die britische Untersuchungskommission 1490. Die Zahl der britischen Handelskammer scheint am wahrscheinlichsten, minus Heizer J. Coffy, der in Queenstown desertierte.

Wie haben verschiedene Passagiere das Schiff verlassen? Fast jede Frau, die man fragte, antwortete mit fester Stimme »im letzten Boot«. Ganz offensichtlich hätten diese Frauen nicht alle zusammen im letzten Boot Platz gefunden. Und doch, einer Dame gegenüber auf diesem Punkt zu beharren, ist, als bestehe man darauf, ihr Alter zu erfahren. Die britische und die amerikanische Untersuchungskommission werteten sorgfältig alle Zeugenaussagen aus und kamen zu ziemlich genauen Ergebnissen, wie das Schiff von wem wann verlassen wurde. Aber selbst hier gibt es noch sich widersprechende Beweise. Bei der britischen Untersuchung wurde jeder Zeuge befragt, wie viele Überlebende sich in seinem Rettungsboot befanden. Das geschätzte Minimum wurde zusammengezählt. Das Ergebnis zeigte eine Diskrepanz zwischen Wunsch, Vorstellung und Realität:

	Überlebende schätzen das Minimum an Menschen in ihrem Rettungsboot	In Wirklichkeit in den Rettungsbooten befindliche Menschen, die gerettet wurden
Besatzung	107	139
Männliche Passagiere	43	119
Frauen und Kinder	704	393
Insgesamt	854	651

Kurz: 70 Prozent *mehr* Männer und 45 Prozent *weniger* Frauen wurden in die Boote verladen. Die Überlebenden verschätzten sich. Dazu kam es, daß viele Boote mit 25 Prozent weniger Passagieren an Bord ausgesetzt wurden, als eigentlich vorgesehen war.

Wann passierte was?

Alle sind sich einig, daß die TITANIC um 23 Uhr 40 auf den Eisberg auflief und um 2 Uhr 20 sank – aber über alles, was dazwischen passierte, gehen die Schätzungen diametral auseinander. Die Zeiten, die in diesem Buch verwendet wurden, wurden von Personen angegeben, die sehr eng mit den Vorgängen auf dem Schiff vertraut und davon betroffen waren. Trotzdem sind diese Zeugen beileibe nicht unfehlbar. Alle standen viel zu sehr unter dem Einfluß der Katastrophe. Mrs. Louis M. Ogden, Passagier der CARPATHIA, ist ein gutes Beispiel dafür. In einem bestimmten Moment, während sie alle Hände voll damit zu tun hatte, die Überlebenden zu versorgen, fand sie die Gelegenheit, ihren Mann nach der Zeit zu fragen. Mr. Ogdens Uhr war stehengeblieben, er schätzte die Zeit auf 4 Uhr 30. In Wirklichkeit

WHERE MANHOOD PERISHED NOT

*Damals kannte die Welt nur ein Ideal des Mannes, die ›Ritterlichkeit‹.
Zahllose Zeichnungen zu diesem Thema entstanden, hier aus der*
HERALD'S WEEKLY. *»Männlichkeit, die vor nichts haltmachte.«*

war es 9 Uhr 30. Beide waren so stark in Anspruch genommen,
daß sie den Zeitsinn verloren hatten.

Was sagten verschiedene Passagiere aus?

In diesem Buch gibt es keine rekonstruierten Aussagen. Die
hier zitierten Äußerungen sind wortgetreu übernommen worden,
wie die Passagiere sich an sie entsinnen konnten. Trotzdem muß
man Abstriche machen, was eventuelle Irrtümer betrifft. Oft

werden dieselben Unterlagen mit verschiedenen Variationen vermittelt. Zum Beispiel gibt es vier Variationen der Unterhaltung, die Kapitän Rostron mit dem Vierten Offizier Boxhall geführt haben soll, als Boot 2 längsseits der CARPATHIA ging. Der Inhalt blieb stets derselbe, die Worte variierten.

Was spielte die Band?

Die Legende will, daß die Band ›Näher mein Gott zu dir‹ spielte, als das Schiff unterging. Viele Überlebenden beharren heute noch darauf, und es gibt keinen Grund, ihre Ehrlichkeit in Zweifel zu ziehen. Andere versichern, die Band habe ausschließlich Ragtime gespielt. Ein Mann behauptet, er erinnere sich deutlich an die Band in den letzten Sekunden vor dem Untergang: Sie habe überhaupt nicht gespielt. Unter diesen sich widersprechenden Aussagen ragt die Aussage des Juniorfunkers Harold Bride etwas heraus. Er war ein trainierter Beobachter, geradezu pedantisch genau, und bis zum Schluß an Bord. Er erinnert sich, daß, als das Bootsdeck eintauchte, die Band die episkopale Hymne ›Autumn‹ spielte.

Hat ein Mann sich als Frau verkleidet ins Boot geschmuggelt?

Während das Material für dieses Buch zusammengetragen wurde, bezeichnete man vier bestimmte Passagiere der ersten Klasse als den Mann, der in Frauenkleidern entkam. Es gibt nicht den Schatten eines Beweises für diese Behauptungen, im Gegenteil, Beweise gegen diese Aussage liegen vor. In einem Fall entpuppte sie sich als Konstruktion eines rachsüchtigen Journalisten, der bei einem Interview nicht zum Zug gekommen war. Ein anderer Herr, ein berühmter Lokalpolitiker, wurde Opfer seiner übelgesinnten Oppositionspartei. Der dritte war ein Opfer der Gesellschaftspresse: Er hatte das Schiff vor seiner Frau verlassen. Auf der Jagd nach Großwild achtete niemand auf Daniel Buckley, einen Passagier der dritten Klasse, der freimütig zugegeben hatte, einen Frauenschal umgebunden zu haben. Und er war nichts weiter als ein verschreckter irischer Junge, der keine Menschenseele interessierte.

Ganz sicher wird man nie die Lösung für alle Rätsel der TITANIC ergründen können. Das beste, was man machen kann, ist, die Beweise sorgfältig zu wägen und eine ehrliche Meinung abzugeben. Nur ein unbesonnener Mensch könnte sich zum Schiedsrichter darüber aufwerfen, was in jener unglaublichen Nacht geschah, als die TITANIC sank.